著者简介

菲利普·马蒂塞克

牛津大学圣约翰学院罗马史博士，职业作家，兼职古代史讲师。出版过多部与古代希腊罗马相关的著作。

译者简介

刘怡

本科与硕士就读于山东大学翻译专业。

后浪出版公司

罗马士兵

[英]菲利普·马蒂塞克 著

Philip Matyszak

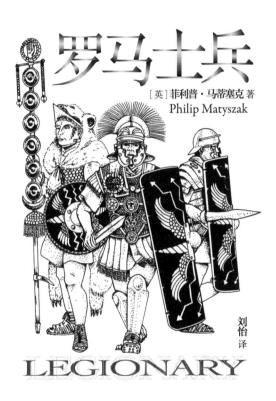

刘怡 译

LEGIONARY

广东旅游出版社

GUANGDONG TRAVEL & TOURISM PRESS

中国·广州

皮克特人

北海

第九军团
第二十军团
第二军团

条顿堡森林

第二十二军团
第六军团 日耳曼人
第十军团

第八军团
第十七军团
第十五

第十六军团
第十三军

第四

塞纳河
卢泰西亚
（今巴黎）

阿莱西亚

卢瓦尔河

大西洋

第七军团

塔古斯河

加底斯（今加的斯）

罗马

第三军团

柏柏尔人

300 英里
500 千米

公元 100 年图拉真皇帝统治下的
罗马帝国边界

台伯河

■罗马
●奥斯提亚

坎帕尼亚

●那不勒斯
●庞贝

北

50 英里
80 千米

达契亚人

十一
团

第五军团

一军团

黑 海

第十六军团

第十二
军团 第六军团

卡雷

第四军团

亚克兴

第三军团

犹太人

第十军团

帕提亚人

地 中 海

亚历山大里亚

第二十二军团

第三军团

尼罗河

目　录

1

加入罗马军队 / 1

2

新兵军团指南 / 15

3

军团之外的从军选择 / 37

4

军团装备 / 59

5

训练、纪律和军衔 / 81

6

谁想置你于死地 / 101

7

╬

军营生活 / 129

8

╬

出　征 / 145

9

╬

攻城指南 / 161

10

╬

作　战 / 181

11

╬

战　后 / 205

致　谢 / 222

扩展阅读 / 223

出版后记 / 225

÷ 1 ÷

加入罗马军队

　　加入军团，云游四海，见见有趣的异族人，然后将他们开膛破肚。

÷　　÷　　÷

罗马需要你！

　　公元 100 年，马库斯·乌尔比斯·特拉扬努斯（后被简称为图拉真）才成为皇帝不久，罗马帝国幅员辽阔。我们的边界不仅延伸到了遥远的巴尔米拉之外的沙漠地区，还穿过了不列颠的片片沼泽和重重迷雾，但罗马帝国的统治却处处遭遇威胁和挑战：内有政治颠覆势力煽动的叛乱，外有蛮族人不断骚扰边境的薄弱区域，还有大国帕提亚眼红罗马的势力，威胁着整个帝国的东部。面对这些危险因素，我们有两座坚固的防御塔——皇帝的能量和谋略，以及罗马军队的强大实力。罗马军队永远忠于、保卫罗马人民，为罗马人民服务。

　　现在就是加入罗马军队的最佳时期。自从奥古斯都皇帝让从军成了一种职业，罗马的军事系统已历经了三代人的严密改进，成了世界上最具杀伤力及作战经验的武装力量。新兵从入伍到退役（或获得一个体面的葬礼），每件事都以罗马人特有的严谨细致的态度被管理着。罗马军团在帝国（从军事角度来说）最有趣的地方待了40年之后，肆无忌惮的不列颠人基本上被制伏了，士兵们在潮湿的地带穿着湿透的鞋袜作战的光辉岁月结束了。罗马将注意力转向了多瑙河另一边令人头疼的达契亚王国，之后还要和在美索不达米亚的沙漠里虎视眈眈的帕提亚人算总账。

罗马军队拥有世界上最先进、最强大的武器和装备，其机动性、火力和保护能力都令其他军队望尘莫及。一名罗马士兵可能会被安排到帝国的任何地区的军事岗位上，他将在那里生活、接受训练，从而在随军出战时给出最好的表现。对于合适的新兵，军队在接下来的25年里可为其提供指导、就业机会和稳定的收入。本手册将指引你这25年的军旅生涯，包括告诉你该去哪儿、如何报名参军，以及解释复杂的训练、盔甲和演习。本手册会教给你在战场上活命、在军队里生活，以及退役后过上富足的退休生活的小窍门。

谁可以参军？

没有罗马军队，就没有罗马。从军是罗马城最光荣的传统。

马库斯·乌尔比斯·涅尔瓦·特拉扬努斯，"第一统治者"，罗马的统治者，已知世界的主人，你的总指挥官。这座雕像展现的他披盔戴甲，左臂搭着红色的将军斗篷。图拉真于公元53年出生于贝提卡行省（西班牙），于公元98年成为皇帝。愿他的统治长久且辉煌！

大部分罗马皇帝都曾是军人。在罗马共和国时期，从未与罗马的敌人对峙并在战场上赢得胜利的政客是很难面对选民，并赢得选举的。罗穆路斯、辛辛纳图斯、老加图、西塞罗都上过战场。他们指挥的都是货真价实、信誉良好的罗马公民，因为罗马军队从来不招收奴隶、罪犯和地痞流氓。

✝ ✝ ✝

地痞流氓的子孙不能用迦太基人的鲜血染红大海，也不能打倒皮洛士、强大的安条克，或可怕的汉尼拔。只有具有男子气概的来自乡村的军人的后代、会用萨宾铲翻地和听严母的话搬运柴火的年轻人能办到。

——贺拉斯，《歌集》，第 3 卷，第 6 首

✝ ✝ ✝

罗马和平（Pax Romana）

世界进入了一段前所未有的和平繁荣时期，后人称之为"罗马和平"。这里的"和平"并不意味着罗马军团在帝国境外常年厮杀的日子结束了，而是指在帝国内，罗马与其属臣达成共识，后者不造反，罗马军团也不会烧毁其城市，或将他们的人民钉死在十字架上。这项政策十分有效，但要求罗马皇帝有一定的智谋和能力。在接下来的一个世纪里，罗马都有幸被这样的贤君统治。即使最仁慈的皇帝也会为保险起见，让有可能造反的群体知道，罗马在其劫掠范围内有一两个军团。

这是罗马征兵人员（图中最右）梦寐以求的景象：一大批健康的新鲜血液踊跃应征参军，积极地报名加入罗马军团 25 年的服役生活。队伍中逃跑的奴隶和通缉犯只会被拒绝和惩罚。浮雕来自图拉真纪功柱。

诗人贺拉斯如此写道。他本人就是一个在军团服过役的乡下小子。虽然贺拉斯的军人生涯结束得并不光彩——他在公元前 42 年的腓力比战役中丢盔弃甲地逃跑了，但他的诗还是有几分道理的。罗马新兵分为三类：强制性征召而来的"被征召者"（lectus），被说服代替他人参军的"代役者"（vicarius），以及发自内心想参军的"志愿者"（voluntarius）。源源不断的身体健康、意志坚定的意大利志愿者来军营大门报到是每个军团负责征兵的官员梦寐以求的场景。

在接下来的 20 来年想在罗马军团的鹰徽下服役的人须满足以下几项基本条件。

罗马公民身份

只有在走投无路的情况下，军团才会招收奴隶和外国人。现在并不是那样的时期。非罗马公民若想要参军，可以尝试加入辅助军。试图参军的奴隶会被罚至矿山做苦力，甚至因这一鲁莽举动而被处死。

单　身

这个时候的罗马军团要求士兵单身。但话虽如此，谁也拦不住一个婚姻不幸的男人逃脱婚姻的枷锁，加入军团。罗马的婚姻是一种民事结合关系，而非宗教誓言，参军就算是单方面宣布离婚了。

四肢健全、身体健康

罗马军队通常喜欢招收屠夫、铁匠，或是收割人这一类职业的人。但考虑到这些行业危险系数高，所以征兵人员在招收此类新兵的时候会仔细点数应召者的手指，缺少拇指或食指的都不合格。遇到紧急征兵的情况，有些人甚至会不顾颜面地为了逃避兵役而切掉自己的手指。这种自残的行为一旦被发现，会遭到严酷的惩罚。

身高至少 5 罗马尺 10 罗马寸 [1]

不要忘了，罗马尺要比后来使用的英尺短大概 1/3 英寸。[2] 但一些体格特别健壮的人的身高也有可能达到 5 英尺 10 英寸。

拥有男性生殖器

军团是男人的世界，女性和阉人没必要去报名。不过图拉真皇帝最近宣布，只丢失了一个睾丸的男性也可以参军。有些人听到这个消息可能会比较高兴。

视力良好

特里丰，狄奥尼西奥斯之子……因患白内障视力不佳而被格奈乌斯·维吉利乌斯·卡皮托批准退伍了。检查地为亚历山大里亚。证书发放于提贝里乌斯·克劳狄乌斯·恺撒·奥古斯都·日耳曼尼库斯 12 年（古埃及历）8 月 29 日。

——一份关于公元 52 年 4 月 24 日结束兵役的文件

品格优良

应征者犯过轻罪可以被忽略，但企图为了逃避重罪而参军的人会被立即驱逐。试图通过参军重返国土的被流放人员也会被驱逐。在这个时期，在军团服役是一种特权。一个人军事生涯的开

---

[1]　1 罗马尺 = 29.59 厘米；1 罗马寸 = 2.46 厘米。

[2]　1 英尺 = 30.48 厘米；1 英寸 = 2.54 厘米。

图拉真说了算

小亚细亚的比提尼亚行省总督普林尼致信图拉真皇帝：

森普罗尼乌斯·凯里阿努斯是一名很优秀的年轻人，他在新兵中发现了两名奴隶，把他们交给了我。但在定罪之前，我得先问您——军队纪律的恢复者和维持者，怎样处罚他们合适？

图拉真致信普林尼：

森普罗尼乌斯·凯里阿努斯将上述似乎应判死刑的人员带给你审判，很好地执行了我的命令，我很高兴。然而，你首先需要搞清楚，这些奴隶是自愿参军的，由军官征召的，还是代替其他（被征召服役）的人参军的。如果是被军官征召的，那有罪的就是军官；如果他们是代役者，那么有罪的则是委派他们代役的人；但如果他们明知道自己的身份不被允许参军，还主动参军的话，那后果就必须由他们本人承担。虽然他们还未被分配到具体的军团，但这不影响判决，因为他们在被批合格时就应该立刻如实交代自己的情况。

——小普林尼，《给图拉真的信》

端的好坏和在罗马生活的其他许多方面一样，取决于人脉。新兵被何人以何种原因推荐，对他以后的发展是至关重要的。

推荐信

这封信是关键的第一步。每一个想要参军的人都应该想尽一切办法得到一封尽可能出彩的推荐信，推荐人的地位也是越高越好。在罗马，推荐信很常见，在很多不同的场合都会被参考。当推荐人在推荐某人参军的时候，他也把自己的名誉和这个人绑在了一起。毫无疑问，老兵的推荐信是很受欢迎的，尤其当被推荐的新兵报名参加的是他曾经服役的兵团的时候。申请的结果同样取决于部队当时是否缺人。正如讽刺作家尤维纳利斯所指出的那样，在正确的时间来到正确的地方是很重要的。

盖利乌斯，谁能估量一个成功的军事生涯能给你带来的好处呢？我希望当我心惊胆战地站在军营大门外应征的时候，头顶能有一颗幸运星保佑我。一时的好运比维纳斯，甚至玛尔斯的母亲朱诺写给他的推荐信更有用……

——尤维纳利斯，《讽刺集》，第 16 首，第 1—6 行

如果军团并没有征兵需求，那么志愿者可能会加入辅助军，甚至去海军舰队服役。在兵源充足的情况下，拥有最好的推荐信的人能得到最好的职位。"请把这封信放在面前，想象我在亲自与您交谈"，推荐人明显在早年当兵时与这位征兵官员相熟，在信中极力向他推荐这名新兵。

下一步是什么？

测试时间

新兵在拿到推荐信——军旅生涯中的第一件武器之后，便需要在面试中表现自己了。这种面试是一场测试，在未来的军团士兵宣誓和被分配进自己的分队之前进行，目的在于确认新兵对自己的描述是否属实，以及其身体素质能否允许他熬过接下来几个月乃至几年身体上的考验。推荐信会被仔细审查，负责面试的人员在感觉必要时还会进一步询问。如此一来，弄虚作假的人（如上文中普林尼提到的两个奴隶）尽管可能一开始过了第一关，但最终难逃罗马官僚的严惩。

宣誓入伍

新兵如果通过了检查，便可排队进行军队宣誓了。请注意，新兵在宣誓前依然是平民，他们完全可以一下子缓过神来，然后像一只受惊吓的兔子一样慌忙逃离军营。一旦宣完誓，他就是恺撒的军人了，再从军营里逃跑就算叛逃，将会遭受一系列重罚（详见第 86 页"纪律"）。因此，这时候最好花点时间想清楚。接下来的几分钟将决定你未来 25 年的人生，或者说你所剩不到 25 年的余生。

"新兵一号，向前一步走，对众神许下不可打破的誓言，永远忠于指挥官，跟随他去任何地方。你将积极、坚定地服从命令。你将放弃罗马民事法律的保护，接受指挥官在你违抗命令或叛逃时不经审判处死你的权力。你发誓在规定服役期限内效忠军旗，直到指挥官批准你退伍。你将坚定地效忠罗马，即使付出生命的代价。你将遵守与公民、军队相关的法律。恭喜你，你现在是一名罗马的军人了。下一个！"

新兵二号可能需要重复上述誓言。但如果入伍的人太多，那么在新兵一号宣读完整段誓言之后，剩下的新兵只需向前走一步，宣布"我也是"就行了。

检查和标记

军团士兵宣誓后都会被仔细记录身份。也就是说，登记入册的不仅有他们的名字，还有能辨认他们的特征，比如痣、伤疤或者其他显著标志。如此，乔装成平民的逃兵，或在战场上的尸堆里的尸体就都能被辨认出来了。

✢ ✢ ✢

盖乌斯·米努奇乌斯·意塔卢斯致凯尔西阿努斯：……新登记了 6 名新兵。名字及识别标记如下……马库斯·安东尼乌斯·瓦伦斯，22 岁，右前额有疤

…………

由普里斯库斯接收。第三步兵大队的阿维度斯·阿里阿努斯确认，该登记原件已被存入步兵大队档案中。

——俄克喜林库斯古抄本，1022 号

✢ ✢ ✢

这份记录是档案的第二项。这份档案会伴随军团士兵的从军生涯，变得越来越厚。记录中所描述的能够辨别他的个人特征以及他现在收到的一个"小标识符"能把他与自己的记录联系起来。"小标识符"是一个小铅板，放在他挂在脖子上的一个小袋里，作用和后来军队里用的身份识别牌是一样的。在当时，小标识符也有识别财物或奴隶的作用，但是聪明人不会一看到军人的小标识符就以为他是他人的财物或奴隶。

上　路

可能会有少量来自新兵被分配到的部队的士兵等着带领新兵到他们的新家，但有时新兵们会被要求自己过去。军团的营地可能离招募地点较远，所以新兵们会收到一笔路费。如果有新部队的军官随行，他们就需要将路费上交给他，因为他走过这条路，知道最适合的旅店，还能为大家争取团体优惠。剩余的钱会在新兵到达目的地后被存入其账户。

如果新兵没达到安排陪同人员的所需最低人数，那他们可以选择一路享受最高规格的交通和住宿，花光所有路费，也可以在住宿上省点钱，等到了军营还能剩下一点钱存起来。这一过程很真实地代表了军团生活，因为他们会发现，在很多情况下都需要选择是花钱过得相对舒适点，还是咬紧牙关存下养老金。

✝ ✝ ✝

第一卢西塔尼亚步兵大队旗手隆基努斯·隆古斯致信其百夫长提图雷伊乌斯·隆基努斯：

我收到 423 第纳里乌斯和 20 奥波勒斯。崇高的恺撒、我们的主人图拉真 21 年 9 月 3 日，23 名新兵到达本百人队，存入以上数目钱财。

——来自古埃及的莎草纸文献，公元 117 年

✝ ✝ ✝

一个士兵永远不会忘记初到部队的那一刻。因为对于他来说，部队战友们就是他在接下来 25 年里唯一的家人了。

✦ 2 ✦

新兵军团指南

专业士兵的行为是可预测的，但这世上充满了危险的新手。

✦ ✦ ✦

罗马军队简史

罗马已经存在了 700 多年，而拥有正规军的时间还不及其历史的五分之一，这一点让人有些诧异。在那之前，要想找到一个罗马士兵，你只需要在大街上随便拦下一个四肢健全的男人，他就很有可能是个军人。他可能刚结束几个月的服役，跟着他的将领，即执政官之一，在作战季结束时回到了城里。

公元前 500 年

在这个时期，当兵比较轻松，因为敌人都在当地周围。比如当罗马人和维爱的伊特鲁里亚人打仗的时候，一些军官还能偶尔回家吃晚饭。作战季始于春天，在秋天结束，军队也是春天招兵，秋天解散，所以男人们能在秋收时回家帮忙。每个罗马士兵都是

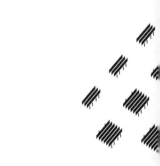

一支完整的罗马军队。军团在中间，辅军在两侧，骑兵在辅军外侧。

上：推测为盖乌斯·马略胸像。盖乌斯·马略的改革不仅仅影响了罗马军队，也对罗马的历史产生了深远（但并不全是正面）的影响。

右：罗马军团还原图。这种紧凑、半自主化的方阵安排赋予了军团极高的灵活性，使罗马人能够打败像马其顿方阵这样坚固但灵活性差的敌人。

罗马公民，每个罗马公民也都能是罗马士兵。当公民们要选举领导人的时候，他们聚集在战神广场，按照他们在军队中的百人队集合。按照惯例，一个选民投票所占的权重基本上与他的军事装备量级成正比。骑士们最先投票，因为马是重量级的装备，所以骑士们投的票是相当有分量的。接下来投票的是上等阶级的人，他们

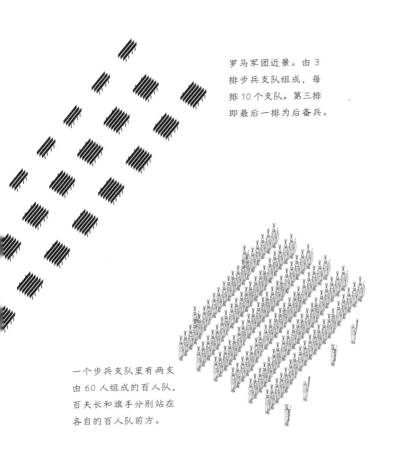

罗马军团近景。由3排步兵支队组成，每排10个支队。第三排即最后一排为后备兵。

一个步兵支队里有两支由60人组成的百人队，百夫长和旗手分别站在各自的百人队前方。

有钱为自己配备重型铠甲、剑和盾牌。他们显然都是说话有分量，且受人尊敬的公民。因为他们拥有重型军事装备，所以政府不敢忽视他们的不满。这种投票方式的另一个后果就是，大部分重大事件在轮到带着投石索和尖头棍子上战场的下层士兵投票之前就由骑士和上等阶级决定了。但骑士和上层人士觉得这样挺好。

公元前 300 年

军队里最初的基本军事单位是由长矛兵组成的坚固方阵，但这种机动性差的大型部队并不适合在意大利山区追赶极其灵活的部落人。因此在公元前 4 世纪，军队采用了步兵支队这一军事单位，每支有 120 人。步兵支队里有三种士兵。

第一排是**青年兵**（hastati），他们是初生牛犊不怕虎、年少不怕死的新兵。青年兵的武器除了剑，还有至今依然被军团用作主要投掷武器之一的沉且射程近的重标枪。

壮年兵（principes）在第二排，他们爱惜自己的生命，打仗时也更凶狠，因为经验告诉他们，胜利才是再次见到妻子和家人的最好保障。壮年兵所使用的武器和青年兵相同，但他们的盔甲可能质量更好。

后备兵（triarii）在最后一排，由老派的老兵组成，武器是以前方阵兵使用的长矛。如果前面的部队都败下阵来，军队就得依赖他们守住战线了。这就是一句流传至今的俗语"靠后备兵的时候到了"的由来，用于形容走投无路的境地。

公元前 100 年

罗马共和国保守的体制被盖乌斯·马略破坏了。马略是个极其擅长煽动民众的将军，当时非常需要兵力。罗马那时一面在努米底亚进行扩张战争，一面又要准备抵抗北方日耳曼部落的防御战。马略废除了征兵中的财产规定，改由国家提供装备。他还发起了罗马军团携带鹰徽的传统，鹰象征朱庇特。马略将军团编成了以步兵大队为基础单位的基本编制，并沿袭至今。

马略虽然是个好将军，但经常不去考虑自己的决定将产生的后果。他的改革在短期内解决了问题，却留下了很大的后患。国家开始为军人提供装备后，军队中出现了"去农村化"现象，因为现在军队不仅招收农民，也招收城里的穷人。由于来自城市的新兵没有耕地，回家也无事可做，于是很多人干脆留在军队里，年复一年地服役。这对将军们来说是件好事，因为罗马军队开始在希腊和西班牙这样遥远的战场作战了。但问题是，参军约20年后，士兵们就上了年纪，无法再作战了，因此自然会指望国家给他们养老。

步兵大队（cohort）

每个步兵大队由6个百人队组成。由于每个百人队的人数从100降至了80，因此每个步兵大队有480名士兵。一个军团由10个480人的步兵大队组成，或者是6000人。这个数据也许看上去有问题，480个人的步兵大队乘以10并不等于6000。多出来的那一部分其实来自第一支步兵大队，它的人数是常规大队的两倍，有800人。6000其实是一个最高数字，其中包含了厨子、后勤人员等。实际情况下，军团长期人员不足，所以一个一般军团的实际人数可能更接近于4800。

我是斯普利乌斯·利古斯提努斯，来自萨宾的克鲁斯图米纳部落。父亲留给了我半英亩①土地和一间小棚屋。那是我出生、长大，现在依然居住的屋子……我从军 22 年，现在已经 50 多岁了。但尽管我的服役期限未满，如果我的年龄不能成为免除我的兵役的理由，我也认为我应该退伍了。

——李维，《罗马史》，第 42 卷，第 34 章

公元前 80 年

在这种情况下，执政官就代表"国家"，提出必要的立法。执政官们经常受制于，或有时自己就是刚打了胜仗的将军，所以士兵们开始仰仗自己的将军为自己的退伍生活提供保障。随着意大利的政治动荡日益加剧，将军的地位也变得越发重要。在内战一触即发的情况下，政治家们很快就明白了，不能去招惹那些刚退伍的、有着丰富作战经验的军人。苏拉和庞培这样的将军把分配耕地、让老兵和平退伍当成了首要任务，因为这样就能赢得他们的感激。在被需要的时候，他们大都愿意重返战场，回报这份恩情。

---

① 1 英亩 ≈ 4046.86 平方米。

他（屋大维）在 20 岁时便强行当上了执政官。他极具威胁性地将军队驻扎在罗马城不远处，然后以军队的名义派遣了使者，要求成为执政官。在元老院犹豫之时，带领代表团的百夫长科尔奈利乌斯放肆地把斗篷甩到身后，露出了剑柄，以此示意元老院，"如果你们不让他当执政官，那么我们的剑也能让他当上执政官"。

——苏埃托尼乌斯，《奥古斯都传》，第 26 章

公元前 31 年

在公元前 49 年到公元前 31 年这 18 年间，罗马的政治危机爆发到了顶点。庞培的军队和恺撒的军队作战，之后屋大维（即后来的奥古斯都）又与马克·安东尼作战。（若想了解这场被叫作罗马内战的"罗马三头争霸战"的话，我推荐阿庇安的《内战史》。）据估测，在这为期 18 年的内战中，约有 50 万人入伍。就算中途有一半的人死亡、退伍或叛逃，仍然有 60 个在役军团的规模。除却在罗马帝国别处作战的士兵，有 47 个军团参加了内战的高潮——公元前 31 年的亚克兴战役。在这里，屋大维与马克·安东尼以及克莉奥帕特拉争夺世界霸主的位置。硝烟散去后，最终得胜的人是屋大维。将安东尼的兵力并入自己军队中后，他拥有了世界上规模最大的军队。

马克·安东尼在亚克兴战役之前发行的银第纳里乌斯，上面刻有三列桨座战船，颇有预兆之意。虽然亚克兴战役是罗马历史上有最多士兵到场的战役，但其实大部分士兵都只能束手旁观，看着罗马的命运在海上的战斗中被决定。

奥古斯都的安置系统

尽管规模巨大的军队有很多优点，但也有一个无法克服的缺陷：罗马养不起这么多军人。即使是 100 年后的今天，军队的维护费用仍然是国库最大的支出项目。实际上，这项支出与建筑施工项目，比如修路（一般也是由军队来做的）的支出比其他所有政府开销加起来还要多。屋大维因此必须迅速缩小军队规模，遣散了大约 10 万名士兵，但采用了一种不会引发士兵不满的方式。

作为罗马最精明的政治家，屋大维的做法反映了他典型的处事方式。他办事果断，铁面无私，且效率极高，直接从富裕的意大利社群划走土地分给了退伍老兵。这给意大利人民造成了不小的困苦，但鉴于土地是分给了军人，过于激烈的抗议实属不明智。上文提到的当过兵的诗人贺拉斯（见第 4—5 页）在其早期的诗歌中谴责了这种安置退伍士兵的方式给他的家乡所带来的苦难。但和很多人一样，在享受了帝国的和平带来的好处之后，他也逐渐成了政府的忠实拥护者。

此时退伍的士兵当中有很多是迫切想要回家的被征召者，这也对屋大维有利。而且，征服了埃及之后，屋大维拥有了足够的资金，如果有人不想要意大利或帝国境外的殖民地的土地，他就给他们现金奖励。罗马的武装军团从 60 个减少到了 28 个，这个过程在短期内花掉了数亿塞斯特提乌斯，但从长远角度看，是为罗马政府省了不少钱的。

公元 6 年之后，随着"军事财库"的成立，罗马帝国之后一直沿用的解决退伍士兵安置问题的方式也确立了。奥古斯都（屋大维现在给自己的称号）建立了这项基金，自己投入了 1.7 亿塞斯特提乌斯，并向罗马公民征税，包括拍卖中 1% 的销售税和 5% 的遗产税（还向罗马国库上缴的 2% 的国税 —— 正如我们所看到过的，其中很大一部分都用在了军队上），以保证基金的运转。

奥古斯都并没有接手一支半职业化的公民兵军队，然后将其重组成一支常规军，因为创造了奥古斯都时期的罗马军队的过程其实从尤里乌斯·恺撒以前的时期就开始发展了，但奥古斯都确实做出了相应的调整，把步骤正式化了，罗马军队在他去世时所应用的模式一直沿用到了公元 100 年。

奥古斯都将服役时长定为了 20 年（随后又延长至 25 年），并禁止士兵在服役期间结婚。奥古斯都的安置系统还能使士兵在退伍时得到一笔相当于 14 年的军饷的养老金。

加入哪个军团？

要记住，军团一般都在自己的兵源地招兵，通常是其驻扎的行省。因此，想要参军的人需要确保他在合适的地点入伍。下面是每个军团会去哪里的简要介绍，以及其历史的简单评价。军团如果按顺序从"第一"编号至"第二十八"的话，我们了解起来会简单得多，但事实并非这样直观有序。

首先，即使在奥古斯都安置系统成立之前，在动荡的年代里，一些军团存在的时间很久，发展出了自己的身份和传统，其中一些曾经在马克·安东尼手下作战，后来以保证军团完整为条件向奥古斯都投降了。这就是第十、第十三和第十四军团都叫"合组"（Gemina，意为"双重"）军团的原因。他们是奥古斯都和安东尼军中同样编号的军团混合成一支的产物。

任何想要加入第十七、第十八或第十九军团的人都需要准备好在日耳曼阴暗的条顿堡森林深处用匕首自杀，因为这几个军团在公元 9 年的条顿堡森林战役中被叛徒阿米尼乌斯埋伏，全军覆没。这三个数字没有再被使用过，但是后来卡利古拉皇帝在公元39 年创建的两个新军团：第十五初创军团（XV Primigenia）和第二十二初创军团（XXII Primigenia）重振了罗马军队。"初创"（Primigenia）一词可能源自幸运女神"长女福尔图娜"（Fortuna Primigenia）的名字，有人认为福尔图娜是朱庇特的长女。第十五初创军团于公元 69 年向敌军投降，和其他几个军团一起耻辱地解散了。（关于在这个时期的叛乱和战争中，几个军团不光彩地解散的故事，请见史家塔西佗的作品。）

公元 66 年左右，尼禄打算远征里海，征服周边地区，新建了第一意大利军团，取这个名字是因为新兵全是意大利人。公元 68 年，内战正在酝酿中，尼禄需要更大的军队支持，便重新雇用了米塞努姆舰队的退役船员（详见第 51 页）组建了第一辅助军团。

历经了多次灾难和解散、招兵和重组后，公元 100 年时的军团名单如下。

第一辅助军团（I Adiutrix）

"无处不在"算是对其很好的写照。曾在意大利、达尔马提亚和默西亚作战。士兵们可以期待在即将到来的凶险的达契亚战争和帕提亚战争中为帝国效力。

第一密涅瓦军团（I Minerva）

从名字可以看出，该军团是由图密善皇帝组建的，因为他将密涅瓦定为了他的守护神。这支军团还很年轻，成立还不到 20 年，和第一辅助军团在一样的地区作战，未来同样也将参加很多场战争。

第二辅助军团（II Adiutrix）

同第一辅助军团一样，该军团最初的成员都是退伍船员，是由韦斯帕芗在争夺帝位时组建的，一经成立就直接投入了在莱茵兰和不列颠的战斗。结束了在威尔士和苏格兰的战斗后，该军团又移动到了达契亚边境，被这个好斗的民族打了个落花流水。该军团现驻扎在辛吉度努姆（今贝尔格莱德）地区，主要在当地征兵。这个军团当中一个值得注意的军官是年轻的普布利乌斯·埃利乌斯·哈德里亚努斯（哈德良），他的职业生涯将会非常精彩。

第二奥古斯都军团（II Augusta）

最初是一个西班牙军团，自公元 43 年后便一直驻扎在不列颠行省。该军团现在已经充分适应了伊斯卡·多姆诺尼亚（今埃克塞特）地区的不列颠特有的天气，短时间内不会离开。该军团的标志是摩羯星座，表示它是由摩羯座的奥古斯都重新组建的。

第三奥古斯都军团（III Augusta）

该军团的标志不是摩羯座，而是飞马座。你会跟着军团穿越帝国，来到更加阳光明媚的阿非利加行省。这里没有多少战事，偶尔会和沙漠里骑术精湛的柏柏尔人起一些小冲突。不过这里的椰枣不错，士兵们也能和当地的女孩儿快活地约会。

第三昔兰尼加军团（III Cyrenaica）

如果你向往有金字塔的异国，那就想办法加入这个军团吧。不过要事先警告你，狮身人面像那种东西几乎都一样，看一个就够了。有流言称，如果罗马对阿拉伯半岛的吞并按计划进行的话，

第二奥古斯都军团的饰板，上面雕刻着摩羯座和飞马座，分别为第二和第三奥古斯都军团的标志。很多军团都以动物作为自己的标志，比如高卢公牛象征恺撒麾下的军团，蝎子则象征近卫军。

那么军团成员所要面对的就不再是高温、苍蝇和无聊了，取而代之的将会是亚历山大里亚的犹太人、希腊人和埃及人再次试图毁灭彼此的城市时的刺激。

第三高卢军团（III Gallica）

尽管起先是一个高卢军团，但现在驻扎在叙利亚。在公牛旗下奋战的士兵们会在东边与帕提亚人交战，还会去西边信心十足地镇压犹地亚的又一次叛乱。适合喜欢刺激且致命的军旅生涯的人。

第四幸运者弗拉维乌斯军团（IV Flavia Felix）

起先叫作"第四马其顿军团"，后来被韦斯帕芗更名。其公牛标志表示它是由恺撒创立的。（恺撒的军团在高卢战斗过，公牛标志可能与一个高卢的牛神有关。）这个军团是最早支持屋大维的军团之一，在他成为奥古斯都之前的那段艰难岁月里就忠于他了。

在公元 69 年的内战中，他们英勇地控制住了倔强的日耳曼部落，但在后来面对倒戈到敌方的同僚时，其斗志明显下降了。现在它名字中的"幸运者"一词所指的幸运可能是它在不作为的情况下也没有被解散。

第四斯基提亚军团（IV Scythica）

最初是由马克·安东尼征召黑海以北的人民组建的，这便是其名字的由来（斯基提亚即黑海以北地区的名称）。亚克兴战役之后，它转而效忠奥古斯都，并采用了奥古斯都的摩羯座作为军团的标志。公元 1 世纪 60 年代，该军团和第十二雷电军团一样，被犹太人和帕提亚人打败了。这些士兵并不是最骁勇善战的。只有在迫不得已的情况下，韦斯帕芗皇帝才会难为情地承认，自己年轻时就是这个军团的。该军团的士兵有十分擅长修路的名声。

第五马其顿军团（V Macedonica）

很会挑选敌人，与罗马帝国东北部所有的蛮族交过手，还短暂地参加了公元 68 年的犹太战争。该军团很受偏爱，已经和第二辅助军团一起击退了达契亚人的入侵，并且会在即将到来的达契亚战争中冲在最前线。其标志也是公牛。

第六装甲军团（VI Ferrata）

于公元 69 年助韦斯帕芗成为皇帝之后，该军团就去了东边，现在驻扎在幼发拉底河两岸，之后可能去了阿拉伯半岛与第三昔兰尼加军团一同作战，可能回去镇压犹地亚的叛乱了，也有可能两地的战役都参与了。无论如何，这也是一个之后有着有趣行动的军团。

第六凯旋军团（VI Victrix）

目前接替了第四幸运者弗拉维乌斯等其他军团驻扎在莱茵河畔的维特拉。在这里，这几个军团在公元69年到70年的战争中倒戈投向了敌方，被永远刻在了耻辱柱上。第六凯旋军团的任务主要是作为卫戍部队驻守当地，也会出于或进攻或防守的目的劫掠日耳曼人。负责莱茵兰地区的将军时不时会产生成为皇帝的野心，所以该军团有可能突然回到罗马。

第七合组军团（VII Gemina）

该军团最出名的"毕业生"当属现在的皇帝图拉真了，他在公元89年是该军团的军团长。该军团是合组军团，因为它是由耻辱的第一日耳曼军团（I Germanica）和第七西班牙军团（VII Hispania）合并而来的。其中的西班牙人并没有离开家太远。该军团仍然驻扎在伊比利亚，帝国内最和平的行省之一。该军团的士兵只需要偶尔巡逻，防范土匪强盗，以及参加驻防工作，还能悠闲地睡个午觉。这支军团在这里驻扎了太久，以至于当地的小镇莱昂（Leon）的名字就来源于"军团"（legion）一词。

第七克劳狄军团（VII Claudia）

150 多年前，在尤里乌斯·恺撒的带领下在高卢初显身手，在内战期间也很有看头，因为该军团显然站在了胜利者一方。在西班牙和法萨卢斯为恺撒对战庞培，还在腓力比战役中为恺撒的继承人屋大维效力。该军团于公元 42 年镇压了达尔马提亚的叛乱，并赢得了"忠诚"的称号。曾协助韦斯帕芗夺得帝位，并为其公元 69 年克雷莫纳战役的胜利立下了汗马功劳。在接下来的达契亚战役中，该军团会打头阵。

第八奥古斯都军团（VIII Augusta）

历史悠久，是罗马军队最强的秘密武器之一。和第七克劳狄军团一样，该军团曾经效力于恺撒，现驻扎在阿根托拉特（今斯特拉斯堡）。虽然有人震惊于这些为一个覆盖了整个欧洲的帝国效力的人除了享用当地的美食美酒，别的几乎什么都不干，但也有人认为，看在这里的和平宁静的分上，这个代价是微不足道的。

第九西班牙军团（IX Hispana）

该军团有一句非正式的格言："不要提布狄卡。"这位不列颠的战争女王在她于公元 60 年和 61 年领导的叛乱中重创了该军团。据说直到现在，有一些敏感的老兵在看到靛蓝色时还是会吓得晕过去。该军团目前最大的敌人是在不列颠湿冷的天气中患上的风湿病。平定了不列颠的叛乱后，该军团从林顿（今林肯）到了埃伯拉肯（今约克）。多年后，该军团将悄无声息地撤出不列颠，变成传说中的"消失的军团"，许多人会奇怪它之后的归宿是什么。

第十海峡军团（X Fretensis）

在地中海东部各处活动之后，现驻扎在希耶罗索利马——罗马人在公元 66 年到 68 年的耶路撒冷起义后，在其浓烟滚滚的废墟上建立的城市。神经大条、不介意在经过当地人时影子被吐口水的人会比较适合这个军团。当时的指挥官提图斯找了个犹太公主当女朋友，但当地的卫戍部队就别想有这样的福气了，不过他们至少能得到皇帝的怜悯。图拉真的父亲曾在叛乱时期在这里领导过一支军团，所以图拉真知道罗马军人在这里过的是什么日子。

第十合组军团（X Gemina）

起初是恺撒的军团，于公元 55 年随他入侵过不列颠。在内战期间，后三头之一雷必达将其重组了，但该军团很快就向奥古斯都投诚了。在西班牙行省度过一段轻松时光后，该军团最近来到了莱茵兰。这里比较适合木工爱好者，因为该军团现在正忙着用锯子和鹤嘴锄在边境上修建堡垒和壕沟。

第十一军团（XI）

正式说来，这支军团算是另一支忠诚的克劳狄军团，总是默默无闻。曾驻扎在温多尼萨（在今瑞士境内），然后向西前去协助韦斯帕芗当上了皇帝，之后去清理了公元 70 年第四马其顿、第十五初创等军团倒戈留下的烂摊子。该军团现驻扎在巴尔干半岛，之后有可能在作战军团进入达契亚之后接手驻守潘诺尼亚的工作。

第十二雷电军团（XII Fulminata）

该军团的表现完全配不上其霸气的雷电标志，在公元 62 年没能征服亚美尼亚，向帕提亚人投降了，后来在镇压公元 66 年的犹太叛乱中还丢了一支鹰徽。为了避免危险，在卡帕多细亚（今土耳其）东部待了一段时间后，向东去了幼发拉底河地区。

第十三合组军团（XIII Gemina）

又一支合组军团，其标志是一头狮子，最骄傲的时刻是公元 49 年跟随恺撒渡过卢比孔河，打响了内战。被奥古斯都重组后就几乎一直驻扎在多瑙河地区。在公元 69 年曾短暂地回到意大利，同第七克劳狄军团一起帮助韦斯帕芗登上帝位，但其成员大部分都是出类拔萃的达契亚战士。

第十四合组军团（XIV Gemina）

镇压叛乱的专家。于公元 43 年参与了不列颠的侵略行动，在公元 61 年打败了布狄卡后成了尼禄最偏爱的军团，还得了"善战凯旋"（Martia Victrix）的称号作为奖励。之后去了日耳曼，让那里在公元 70 年的动乱之后恢复了往日的秩序。唯一站错队的一次

卡斯特拉维特拉的绝望时刻

很多军团都想忘记他们在公元 69 年至 70 年的内战和叛乱期间不光彩的表现，其中在卡斯特拉维特拉（今克桑腾）遭遇惨败的军团尤是如此。居住在莱茵河畔的巴塔维亚部落在其指挥官，一个名叫尤里乌斯·奇维里斯的罗马公民的领导下发起了叛乱（奇维里斯的弟弟刚被罗马人处死，所以他有理由憎恨罗马），打败了前来镇压的第五云雀军团（V Alaudae）、第十六高卢军团和第十五初创军团。最终，第四其顿军团、第二十二初创军团和第一日耳曼军团也投入了战斗之中。

第五云雀军团和第十五初创军团被困在了卡斯特拉维特拉的营地里，之后投降归顺了奇维里斯。第一日耳曼军团和第十六高卢军团前来救援，但也投降了。最后罗马剩余的大部分军力都来了，才处理好了这个烂摊子。最后，第十五初创军团被直接解散，第五云雀军团勉强逃过了被解散的命运，但后来被达亚人打了个四分五裂。第十六高卢军团和第四其顿军团被改名成了第十六忠实弗拉维乌斯军团，第四幸运者弗拉维乌斯军团、第一日耳曼军团和第七军团合并，成了第七合组军团。

是在公元 89 年支持了有争夺帝位野心的行省总督萨图尔尼努斯的反叛。目前正在去往文多波纳（今维也纳），但也有些小分队在准备加入达契亚战争。

第十五阿波罗军团（XV Apollinaris）

由奥古斯都建立，以奥古斯都的守护神阿波罗的名字命名。来自文多波纳，也就是第十四合组军团正在前往的地方。第十五阿波罗军团在平定犹太叛乱时经历了不少恶战，现在正准备去和帕提亚人较量。

第十六忠实弗拉维乌斯军团（XVI Flavia Firma）

公元 70 年的惨败中的另一个受害者。其前身第十六高卢军团卑躬屈膝地投了降，希望成为"忠实弗拉维乌斯"军团的它能够表现得好一点。这个重组的军团之后驻扎在了叙利亚，我们有理由猜测，这次流放是韦斯帕芗对其以高卢士兵为主的成员的惩罚。在接下来的达契亚战役中，该军团将有机会洗刷以前的耻辱。

此处空白以缅怀所有在公元 9 年条顿堡森林战役中全军覆没、没有重建的军团。望安息。

格奈乌斯·穆西乌斯 17 岁加入军团，32 岁离世，服役 15 年。他是第十四合组军团的旗手，浮雕中的他自豪地展示着盾牌上的纹章、军旗以及他赢得的领圈。该纪念碑由其身为百夫长的哥哥所立。

第二十英勇凯旋军团（XX Valeria Victrix）

"英勇凯旋"是该军团的座右铭，是其战胜了喀里多尼亚人后被授予的荣名，是驻守不列颠的三个军团之一（不列颠的驻守军是帝国内每单位土地面积最多的，甚至超过了犹地亚的，这无疑说明了一些问题），名声很好，接下来也没什么战事，可能会在不列颠待一段时间。

第二十一饕餮军团（XXI Rapax）

于公元 69 年成功帮助韦斯帕芗登上了帝位，但后来站错了队，协助行省总督萨图尔尼努斯篡位，输得一塌糊涂。现驻扎在多瑙河下游地区，会在那里待上一二十年，或许更久，直到自己的耻辱被世人渐渐淡忘。

第二十二德尤塔卢斯军团
（XXII Deiotariana）

最初并不是罗马军团，是由加拉太国王戴奥塔卢斯建立的两支军团组成，后来成了罗马军团之一。这支起初模仿罗马军团而建的部队非常成功，以至于奥古斯都后来直接将其收编，让它变成了一支真正的罗马军团。就像第七合

第二十军团的野猪标志。野猪是一种凯尔特的战争标志，但从这块陶片的形状来看，它应该是该军团所用的瓦檐饰，用于抵挡风从管房弧形的屋顶瓦片下灌入。

组军团一样，该军团离自己的家乡也不远，目前正在亚历山大里亚同第三昔兰尼加军团一起训练，为镇压叛乱做准备呢。

第二十二初创军团（XXII Primigenia）

在公元 69 年的内战中，该军团总是站错队，后来似乎醒悟了，回到了驻守莱茵河边境的工作中。这支军团由老练的日耳曼战士组成。帮助图密善皇帝打败了策反的萨图尔尼努斯后，他们赢得了"忠诚尽职"（Pia Fidelis）的称号。这支队伍适合喜欢并擅长杀日耳曼人的士兵。

✢ 3 ✢

军团之外的从军选择

尽量让自己看上去像一个无关紧要的小兵——敌人可能没有太多弹药可以浪费。

✢　✢　✢

罗马军队里可不是只有军团。实际上，对有些人来说，军团可能并不是最优选择。以下是有抱负的新兵们可以考虑的其他一些部队，但需要注意的是，这些并不是全都对所有人开放的。不管新兵加入哪个部队，他都是一支复合军队中的一员，军队中的各个单位彼此支持，相辅相成。

骑　兵

简要概述

优点：	缺点：
1.骑马的士兵是很受尊敬的。罗	1.有许多需要清理、维护的装备。

马贵族以前就在马背上作战。

2. 既然可以骑马，为什么还要走路呢？

3. 在大部分战斗中都是作为后备部队待命。

4. 公民和非公民都可以当骑兵。

5. 在战争中的艰难时期，一匹马的肉够吃好几周。

2. 需刷洗马、清扫粪便。

3. 罗马骑兵一般不如帕提亚骑兵优秀。

4. 也不如萨尔马提亚骑兵优秀。

5. 也不如高卢、日耳曼、努米底亚骑兵优秀。

✝ ✝ ✝

［罗马人］早期打仗不穿铠甲……因此在近战时面临很大的危险……他们用的矛很轻、易弯曲，会随着马的奔跑而上下弯动，不光无法有效掷出，有些矛甚至在派上用场之前就断了……他们用的盾是牛皮做的，对打仗来说太软了；而且一旦下雨，牛皮腐烂，就会开始剥落。最后盾不仅派不上用场，反而成了累赘。

——波利比乌斯，《历史》第 6 卷，第 25 章

✝ ✝ ✝

各有所长

现在的情况已经和波利比乌斯笔下的罗马共和国早期不一样了，主要是因为罗马人在意识到了本国骑兵的弱势之后，将骑兵的位置外包给了马术精湛的民族。由于罗马帝国各地的骑兵有不同的战术和要求，所以骑兵部队可以说是罗马军队里最具多样性的了。

一名穿着环锁甲的骑兵。注意他的胳膊是握住骑枪、准备低手向前刺去的动作。另一点值得注意的是，他的剑是军团士兵的剑的加长版，头盔的护颈更短，但因为他们是骑兵，所以能得到很高的为头盔配置羽饰的预算。从实用的角度出发，骑兵们相比于长袍更喜欢穿裤子，也更符合罗马的国家审美。

举个例子，东部行省的骑兵需要面对两种完全不同的马背上的敌人。第一种是轻装的弓骑兵，能够转过身来向马奔跑的反方向射击，这就是著名的"帕提亚回马箭"，使他们在逃跑时和进攻时一样危险。第二种是来自同一地区的可怕的全覆装甲骑兵，战马和骑士都身披重型铠甲。在不同的情况下，罗马骑兵都必须学会应对不同类型的敌人。比如在努米底亚的沙漠中，罗马骑兵就发现投石索是对付灵活、凶狠的柏柏尔人的有效武器。

✝ ✝ ✝

致我的兄长希拉克里底斯，近来可好？我已经写信告诉过你小帕萨尼亚斯想要进入军团服役一事，现在他决定要加入骑

骑兵头盔。罗马骑兵有作战用头盔、展示用头盔，以及对阵不同的敌人时特定的头盔。这个头盔的主人明显预期他的头顶会经常被击打（注意顶上交叉的凸起），并且非常注重抵御砍劈型武器的攻击。但是，骑兵在作战中的听力也是很重要的，所以两边的耳孔既可以传递声音，又可以起通风作用。

兵……我到亚历山大里亚，费尽周章，终于把他弄进了一支科普托斯的骑兵部队……

——俄克喜林库斯古抄本，1666 号

✛　✛　✛

　　罗马的骑兵大多是军团骑兵，与军团关系紧密，且成员大部分都来自军团。比如说，来自马其顿的腓力比的罗马公民提比略·克劳狄乌斯·马克西姆斯于大约 15 年前入伍，选择的自然是父亲曾经服役过的军团，第七克劳狄军团。凭着家里的关系，他成了一名军团骑兵。他之后转到了现役的第二潘诺尼亚骑兵队，当了个下级军官，拿着一年 700 第纳里乌斯的军饷，非常可观。他曾经是军团指挥官参谋（因为公民骑兵很适合当通讯员），现在负责一支侦察队。侦察队里的骑兵的任务是早早提前于大部队出发，执行特殊任务，或收集敌军活动的情报。这种生活很有趣，充满未知的冒险，但需要远超一般军团士兵的敏捷度和强健的体质。

装　备

步兵之间流传着一个笑话，称骑兵退伍之后不愁找不到工作，反正再不济还能当个马夫。不管是在战役中还是备战中，骑兵确实一直都很忙。骑兵的装备大多是模仿凯尔特人的装备制造的。凯尔特人在过去的一个世纪里算是骑兵的中流砥柱。在战役中，骑兵会带上并需要维护以下装备：

铠甲　一般是环锁甲，有凯尔特样式的，也有和一般辅助军士兵穿的一样的样式。但有些部队也用鳞甲。

头盔　和步兵的头盔大不相同，需要很长一段时间去适应。骑兵头盔的设计要求提供全方位的保护，因为在混战中，骑兵比步兵更容易受到来自后方的袭击。骑兵的头盔也缺少步兵头盔后面突出的保护部分，因为从马上摔下来的时候，头盔后部的凸起会使骑兵更容易摔断脖子。

盾牌　样式主要取决于部队的地理位置以及行动的性质，但标准的盾牌是平面的椭圆盾，和辅助军用的相似。在快速移动的马背上使用盾牌、剑和标枪需要大量的练习。在平时训练的过程中，骑兵偶尔还会意外地"练习"在摔下马背时避免重伤自己的技巧。

剑　骑兵的剑叫作罗马重剑，比军团步兵使用的罗马短剑（见第71页）长，不作战时通常收在鞍褥下。

标枪　每名罗马骑兵都是名副其实的远程武器发射平台。罗马骑兵在冲锋时，一般在近距离交战开始前就可以向敌人投出超过 12 支标枪或大型飞镖。

马鞍　对骑兵尤其重要的一件装备是罗马独有的四角马鞍。和骑兵的剑一样，这种马鞍也是从凯尔特人的马鞍样式发展而来的。当时还没有悬挂的脚踏板（即后来的马镫），所以四角马鞍是唯一能保护骑兵不摔下马背的装备。然而，不要以为在没有马镫的情况下，骑兵在战斗中就不能同步兵较量：四角马鞍足够深且牢固，骑兵能够用力下手刺出长矛，且不会因为反作用力从马后摔下来。

马具　罗马人喜欢让骑兵看起来引人瞩目，所以会使用繁复的马具，有各种各样的金属装饰，以及精美的皮革和带扣。

骑兵还有照料马匹所需物品之外的个人装备。

在战场上，大部分骑兵通常被部署在步兵的两侧，在侧翼作战。由于马匹在战场上比人更容易疲惫，所以在战争中，骑兵基本大部分时间都是作为后备部队待命，很少有指挥官愿意一次性派出一半以上的骑兵。骑兵的另一个主要用途是在敌军被击败后追击落荒而逃的敌人。马匹比人类更有理智，所以通常不会直接冲进敌方的步兵或骑兵阵形。因此，当双方的骑兵较量时，都会按照约定俗成的共识，在冲锋时把阵形散开，这样双方便能痛快地速战速决。另一种情况是，双方以密集阵形走向对方，再开始正式的猛攻。

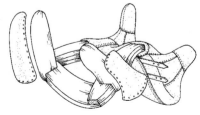

四角马鞍的框架和附加装置。罗马骑兵双腿像钳子一样夹住马鞍，让自己坐稳。两侧的角也能保护骑兵不摔下去，但着急上马的时候要注意别坐到不该坐的位置上。

在军营里，骑兵还有另一项工作，就是为当地人表演。马背上身着闪亮的铠甲、戴着精美的面具的骑兵构成了一幅壮观的画面。骑兵支队上方管状龙旗随风飘舞，马匹挽具上的金属装饰物叮当作响。在这样的时刻里，罗马骑兵们可能会觉得，为了达到现在的效果而花几个小时为装备抛光、打油、照料马匹、训练都是值得的。

✛　✛　✛

附属于步兵大队的骑兵很难为自己赢得认可，尤其当辅助军的骑兵在战斗中投出了更多标枪、覆盖了更大面积之后，他们在时隔不久后的表演中甚至会得到一些负面评论。

——哈德良致第六科马基尼大队的骑兵支队，出自拉姆贝西斯的一处铭文，《拉丁铭文选集》，第2487条

✛　✛　✛

辅助军

简要概述

优点：	缺点：
1. 一般都待在当地。	1. 薪水比军团士兵低。
2. 不像军团管理那样严格。	2. 养老金计划不如军团士兵的。
3. 有机会发挥你的特长。	3. 换防通常是半永久性的。

| 4. 能和许多同民族的同胞一起服役。 | 4. 辅助军参加的更多是低强度战事。 |
| 5. 退伍后可成为罗马公民。 | 5. 和罗马军团相比是可消耗的。 |

背景简述

不会骑马、非罗马公民、没有厉害的人脉的人可能会进入辅助军。辅助军准确来说是另一种辅助部队，因为大部分的骑兵部队也叫辅军。但一般说来，"辅助军"指的是轻装的非罗马公民步兵，他们拿着正常士兵 80% 的薪水，却干着风险更大的活儿。他们的服役时长为 25 年。不过鉴于退役后就能成为罗马公民，所以从理论上来说，你可以 16 岁加入辅助军，然后 41 岁加入罗马军团，不过大部人在服役 20 多年后对军旅生活也不再有什么渴望了。

不要忘了，辅助军的历史几乎和罗马军队一样悠久，但有时被叫作"同盟军"，有时候甚至叫雇佣军（公元前 2 世纪，元老院就谴责克里特人同时向罗马和敌方提供弓箭手，这种情况有时候甚至还会出现在同一场战役中）。从古至今，辅助军的士兵人数一直与军团一样，甚至更多。奥古斯都将很多与军队相关的事物都正规化了，辅助军也成了常规建制，尽管在管理上远不及军团严格。

辅助军士兵服役

辅助军士兵一般会加入一支 480 人的步兵大队，其中大部分成员会是同民族的同胞。一些辅助军士兵可能会在距离他们入伍的地点很远的地方服役（甚至连恺撒也在他出征高卢的军队中包括了西班牙投石手和骑兵、日耳曼骑兵和克里特岛的弓箭手），但只要到达了某地，基本上就会在那里待上一段时间。部队产生人员消耗后，会直接在当地补充兵源，因此随着时间的流逝，步兵大队的人员国籍也会渐渐改变。因此，第一奥古斯都大队最开始是在西班牙的卢西塔尼亚组建的，但现在到了埃及，招收了20名骆驼骑兵，他们骑骆驼的本事肯定不是在比利牛斯山习得的。

从骆驼骑兵部队可以看出，辅助军的生活有时有着罗马军团所不具备的随意性。首先，因为辅助军以步兵大队为单位行动，所以没有罗马军团的管理架构，因此他们非常适合组建成临时小队，执行特殊任务。举个例子，辅助军士兵无精打采地跟在小行省税收官员后面的时间可能和他们对抗蛮族游牧部落的时间一样长。他们在武器和盔甲方面也有更大的灵活性。毕竟，既然招收了以箭术见长的叙利亚人，又何必非要给他们配备长矛和短剑呢？尤其在东部的战役中，步兵中的弓箭手能有效抵抗敌方轻骑兵的弓箭攻击。

这种灵活性可能是一些罗马公民不加入罗马军团，反而加入辅助军的原因。在行省长大，且想和同行省的伙伴一起成为骑兵的罗马公民尤其如此。但也有些人作为步兵加入了辅助军，尽管他们完全可以凭借自己的罗马公民身份进入罗马军团，这可能是因为辅助军更有可能会驻扎在离家比较近的地方，而军团则需要根据帝国大战略的要求东奔西走。一般说来，在军团需要离开的时候，辅助军就向他们告别，然后等下一个军团到来时再辅助他们作战。因此，很多非罗马公民能在一个地方待得足够久，娶妻生子，等到退伍的时候，他的家人也都自然和他一起成了罗马公民。如果孩子长大后也像父亲一样入伍参军，那他就会把"军营"填作他的出生地，并且可以选择加入父亲以前服役的辅助军或罗马军团。

让辅助军大队留在一个地方有很多原因：

· 本地部队更愿意留在当地服役。

· 在埋伏、劫掠和散兵战这种低强度战斗中，当地情报是至关重要的。

· 低强度战斗需要了解且尊重当地传统的士兵。

· 经过几个世纪，当地的辅助军将武器和作战技术改善到了最适合当地地形的状态。比如，日耳曼的森林中几乎用不到努米底亚骑兵，而擅长游泳渡过湍急河流的来自下日耳曼尼亚的巴塔维亚步兵在努米底亚人的家乡，阿非利加的沙漠中可能会找不到用武之地。

特种部队是唯一一种不在一个地方长驻的辅助军士兵，在哪里都很受欢迎。比如萨尔马提亚骑兵和叙利亚弓箭手就可以随军队周游世界。他们的同胞遍布帝国各地，不管是在不列颠的沼泽地还是亚历山大里亚的集市，都可以看到他们的身影。

✝ ✝ ✝

来自西顿的提比略·尤里乌斯·阿布德斯·潘泰拉长眠于此，

罗马军团特殊的命名体系与辅助军的比起来就显得很工整了。辅助军大队可以根据其当前驻扎的地点、组建的地点、相关的部落、最钟爱的武器、组建时在位的皇帝，或以上多种元素命名，前头一半还有一个看起来毫无关联的数字。然而，即使有这么多命名的选择，还是有重名的辅助军大队。目前在潘诺尼亚南部活动的就至少有两个步兵大队叫第一阿尔卑斯大队。如果在这两支大队的情况看来，它们重名是因为名字过于简洁而不够具体，那么和他们一同作战的"第二奥古斯都奈尔威亚和平不列颠大队"浮夸的名字就恰恰相反了。

享年 62 岁，在步兵大队中当弓箭手 40 年。

——一块来自宾吉乌姆日耳曼尼亚德绍的墓碑，《拉丁铭文选集》，

第 2571 条

✝ ✝ ✝

辅助军和罗马军团

对于军团而言，辅助军的职责便是其拉丁语名称"auxilia"的字面含义，协助和辅助。

在军团向战场移动时，辅助军需要：

· 提前侦察地形，察看是否有埋伏。

- 向将军汇报简述敌军可能的人员构成和战术。
- 向军队指明有食物供应和适合扎营的地点的方向。

如果即将到来的是一场重大战役,辅助军就不能在战场上袖手旁观了。当双方交战时,辅助军需要做到以下其中几点或全部:

- 参与前期的散兵战。
- 不让敌军骑兵部队靠近军团侧翼。
- 守住军团无法阵形整齐地通过的多山或破碎地形地区。
- 用长矛、弓箭或投石索攻击敌人。
- 奋战一线。虽然辅助军与罗马军团相比装备较简单,但仍然可能比敌军的主力军装备精良、训练有素,有可能需要与敌军主力正面较量。

当然了,当军团回到营地之后,辅助军会作为卫戍部队留在当地,负责巡逻和其他日常工作,维护"罗马和平"。

✝ ✝ ✝

韦斯帕芗从托勒迈斯出兵……命令轻装辅助军的弓箭手先出发,这样就可以预防敌军突袭,并搜查任何疑似有伏兵的森林。

——约瑟夫斯,《犹太战史》,第6卷,第2章

✝ ✝ ✝

海 军

简要概括

优点：	缺点：
1. 加入海军有可能帮你摆脱奴隶的身份。	1. 海军处在军队鄙视链底层。
2. 有许多出国的机会。	2. 船员有时候需要临时充当陆军。
3. 可以在船上闲逛，还可以使用投石机等其他令人兴奋的武器。	3. 划动一艘三列桨座战船绝非易事。
4. 退伍后可以成为罗马公民。	4. 最低服役期限比辅助军还长。
5. 如果你是米塞努姆舰队的成员，还有机会操控弗拉维圆形竞技场上方的巨型遮阳棚。	5. 船只可能意外沉没，你也会随之丧命。

背景简介

军团士兵有点看不起海军，还总想着大肆宣扬海军在第一次布匿战争中，不用敌方帮忙就直接把25万罗马士兵"运送"到了海底的事迹。时间较近的，在提比略皇帝统治期间，罗马人和马尔斯人交战时，一场风暴摧毁了整个舰队以及大部分军队，战争也就此画上了句号。连续几周，日耳曼的海滩上都有冲上来的船只残骸和军团士兵的尸体。

✛ ✛ ✛

一场雷暴袭来，巨浪随着大风翻滚，从四面八方砸来。密布的乌云阻碍了船员们的视线，令他们很难操纵船只。士兵们没有在大洋深处应对紧急情况的经验，他们的惶恐令船员们也感到不安。士兵们笨手笨脚地帮了不少倒忙，令有经验的船员们的补救工作都白费了。

——塔西佗，《编年史》，第 2 卷，第 23 章

✛ ✛ ✛

　　虽然海军是罗马军队里的灰姑娘，还时不时有沉入海底的危险，但加入海军还是值得考虑的。我们不得不承认，这支保持了内陆国家瑞士的海战记录（只有一次，即在奥古斯都执政期间的康斯坦茨湖之战中对阵雷蒂亚和温德利科鲁姆的舰队）的部队有一种奇特的吸引力。

　　罗马海军的最后一场重大海战也是结束了罗马跨越了一个世纪的内战，并让奥古斯都成为罗马皇帝的战役——公元前 31 年发生于希腊的亚克兴战役，罗马海军和埃及海军在这场战役中展开了一场决定性的交手。现在已经没有能和罗马海军抗衡的强大舰队了，害怕葬身海底、被迫成为献给尼普顿的贡品的人可以松一口气了，因为现在的海军所参与的大部分重大战役都在河上，陆地就在旁边，令人安心。

✛ ✛ ✛

　　当舰船抵达战位时，他甚至无法站起来检阅舰队。他仰天躺

着，都不能站起来告诉他的士兵们他还活着。最后是马库斯·阿格里帕为他歼灭了敌人。

——苏埃托尼乌斯，《奥古斯都传》，第16章中海战中（晕船的？）

未来的奥古斯都

✝ ✝ ✝

主要海军部队有：

米塞努姆舰队（Classis Misenensis）和**拉文纳舰队（Classis Ravennantis）**。罗马的舰队在拉丁语中被称作"classis"，所以不管从什么意义上来说，三列桨座战船和五列桨座战船都是"经典的"（classic）罗马舰队战船。米塞努姆舰队得名于米塞努姆海角，主要在那不勒斯的海湾巡航，但整个地中海西部地区都在它的活动范围内。它和意大利半岛另一边的拉文纳舰队的任务都是护送亚历山大里亚的粮食运输船队，并打击海盗活动。拉文纳舰队尤为关注海盗活动，因为亚得里亚海东岸的达尔马提亚人和利布尔尼亚人长期以来已经把海盗行为当成一种爱好和生活方式了，而且并没打算让"罗马和平"妨碍他们的行动。

潘诺尼亚舰队（Classis Pannonica）和**默西亚舰队（Classis Moesica）**。想要对抗更有组织的敌人的人可以加入这两支舰队中的其一。潘诺尼亚舰队驻扎在阿昆库姆（今布达佩斯）附近。默西亚舰队在多瑙河下游活动，有时候也会劫掠黑海地区。两支舰队都会参与接下来对抗达契亚人的战斗。

舰队来了。罗马舰队的船只在多瑙河上的一个港口登陆。虽然浮雕中的船只和船员的比例失调，但雕刻家生动地展示了桨手拥挤的工作环境，以及他们划船多年练出来的健硕的二头肌。

日耳曼舰队（Classis Germanica）。在欧洲的另一边，莱茵河舰队驻扎在科隆尼亚阿格里皮内西斯（今科隆），必须对付与罗马人作对的恼人的、水性又好的巴塔维亚人。日耳曼舰队也会去北海执行任务。很多船员发现，三列桨座战船在风平浪静的地中海地区经过一些改进后，已经不太适合大西洋上的大风大浪了。

亚历山大里亚舰队（Classis Alexandria）。在亚历山大里亚舰队服役可能是整个罗马军队里面最浪漫的差事了。这支舰队只需要沿着两岸布满棕榈树的尼罗河巡航，偶尔去东地中海看看就行了。这是最后一支参加过重要战役的罗马海军，在公元68年到70年的战争中与一支由有航海头脑的犹太叛军临时组建的舰队交战。亚历山大里亚舰队还有另外一个副业，即为穿越波斯湾前往印度的商船船队护航。有传言说，该舰队还会在幼发拉底河一带活动，向北前往巴比伦。

加入海军只要求你身强力壮，并且接下来的大约26年没有别的安排。如果你有机械方面的天赋的话也会派上用场，因为除了船桨和索具，罗马战船另配备的令人着迷的燃烧装置、投石机（有一种专门发射抓钩）等武器需要人操纵。海水中的盐分和船身的不断摇晃意味着这些装置总是需要维护。

船员们都是自由人，有的奴隶是因为成了船员而被释放的。海军在退役后和辅助军一样，也可以成为罗马公民。

近卫军

简要概述

优点：	缺点：
1. 驻扎在罗马。	1. 皇帝出征时，近卫军有时需要作为士兵跟随。
2. 服役期限比其他军种短。	2. 没了。
3. 薪酬高，退伍待遇好。	
4. 新皇帝上任时会得到一大笔奖金。	
5. 退伍后有可能谋到更高的官职。	

✝ ✝ ✝

近卫军每人能拿到 2 第纳里乌斯，服役 16 年就能退伍回家，他们面临的危险比我们多吗？我们没有贬低都城的警卫，但是被蛮族部落环绕的我们和敌人仅一帐之隔。

——塔西佗，《编年史》，第 1 卷，第 1 章中叛乱士兵在公元 14 年说的话

✝ ✝ ✝

背景简述

成为近卫军的一员是每个军团士兵梦寐以求的。近卫军就驻扎在罗马，只有在皇帝出征时才离开都城。他们的薪水更高，服役期限也更短，但这些不过是它的好处的一半。由于近卫军是驻扎在都城的最大的军队，所以皇帝有没有好日子过在很大程度上取决于他们是否忠诚。明智的皇帝都会给近卫军一定的奖励，感谢他们保护自己的安全。当盖乌斯·卡利古拉的近卫军首领认为他不配当皇帝时，他的生命便走到了尽头。刺杀了卡利古拉之后，近卫军又胁迫元老院认可了克劳狄的皇帝身份。最近，图密善皇帝（于公元 96 年遇刺）又增加了近卫军的薪水和特权，但近卫军的狂妄自大令他们在罗马城里不怎么受欢迎。

✝ ✝ ✝

这些士兵能更轻易地恐吓目击证人去诬陷一个平民，而一名诚实的目击证人却不见得敢对这些穿着铠甲的天之骄子表示怀疑。

不幸的误会

图拉真皇帝和近卫军之间目前的关系确实不太好。近卫军强烈反对涅尔瓦（即前一任皇帝）选择的继任者。皇室和近卫军之间进行了紧张的对话，最后还造成了几名皇室官员的暴力死亡，皇帝本人也遭到了近卫军的威胁。最后，涅尔瓦公开废黜了自己选择的继任者，宣布最受近卫军拥护的图拉真将成为下一任皇帝。

这些帮助新皇帝登上帝位的人可能希望能受到一些感激，但图拉真上任后干的第一件事就是逮捕和处决了威胁过涅尔瓦的近卫军士兵。图拉真有莱茵河军团的全力支持，而近卫军并不是这些人数众多且身经百战的部队的对手，因此只能忍气吞声了。

除此之外，近卫军还有其他的特权。

——尤维纳利斯，《讽刺集》，第 16 首，第 32—35 行

✝ ✝ ✝

服役条款

近卫军（Praetorian）一词来源于拉丁语中"将军营"（praetorium）一词。守卫将军营的士兵渐渐变成了将军的精英部队。他们的特殊地位（自然）是在奥古斯都时期被正式化的，而当今近卫军的形式主要是在奥古斯都的继任者提比略治下确定的。提比略的星座是天蝎座，所以近卫军的标志为一只蝎子。近卫军的每个大队有 800 人，驻扎在罗马的维米那勒山上条件舒适的军营里。近卫军也有骑

兵部队，叫作"皇帝专属骑兵队"（equites singulares Augusti）。

如果近卫军是由从军团里选出的优秀士兵组成的，那么他们享受众多特权也无可厚非。但实际上，近卫军招收的大多数新兵都很年轻，而且有很严重的地域歧视，倾向于招收意大利的罗马人，而非其他行省的人。（然而，如果你是骑术精湛的潘诺尼亚人或萨尔马提亚人，那么申请加入皇帝专属骑兵队的成功概率还是比较高的。）服役 16 年后，一些近卫军士兵会转到常规军团中去当百夫长，指挥士兵，选择退休的近卫军士兵将会收到一笔来自皇帝的巨额奖金，作为临别赠礼。也有从军团转到近卫军的情况，最典型的例子就是公元 69 年，维特里乌斯皇帝因近卫军支持其对手奥托而将其全员开除，用自己莱茵兰的军团替换了他们。

✦ ✦ ✦

盖乌斯·维德尼乌斯·莫得拉图斯……来自安提乌姆，第十六高卢军团的士兵，服役 10 年，后转到［近卫军］奥莱托利安大队，服役 8 年。获授勋两次，一次来自韦斯帕芗皇帝，另一次来自日耳曼征服者图密善皇帝。

——《拉丁铭文合集》，第 6 卷，第 2725 条

✦ ✦ ✦

最出色、最受青睐的近卫军士兵可能会成为自己近卫军部队的百夫长，一名职业士兵最高的军衔便是指挥皇家护卫队的近卫

军队长了。

✦ ✦ ✦

辅助军打头阵，其后是步兵弓箭手，之后是4个军团、皇帝本人、皇帝的两个近卫军大队和［皇帝］专属骑兵队。后面是其他军团、弓骑兵和同盟部队。

——塔西佗，《编年史》，第2卷，第16章

✦ ✦ ✦

如果你能加入近卫军，那这确实是一份不错的差事。近卫军部队的人享受着罗马军队里最好的职位、最高的薪水和最好的工作条件，自然神气活现。

关于军队的小事

军团骑兵经常作为信使传递命令或派遣任务。

✣

正在执行任务的信使的长矛上绑有一根羽毛，可以此认出。

✣

由于指挥官在汇报时喜欢说以最少的罗马人的牺牲换来了胜利，所以他们一般都偏向于派辅助军参加最激烈的战斗。

✣

成立更久的辅助军部队如果和新部队重名，可能会在其名称前加上"老兵"（veteres）一词作为区分。

✣

在皇宫执勤的近卫军穿托加袍。

✦ 4 ✦

军团装备

先生们，请记住，用剑的时候，要想抵达一个人的心，就要先穿过他的胃。

✦ ✦ ✦

尽管罗马军队装备优良，但若有人说，"好东西永远不嫌多"，那他显然从未试过连续好几周每天背着这些东西跋涉20罗马里[①]。新兵在收到自己的装备时应该记住这一点。军团士兵需要自己购买装备，有时是自己出钱，有时是国家出钱。基本上每个军团士兵都要有某些必备装备，如果他自己没有的话，国家会提供，费用从他的薪水里扣除。

了解了这一点之后，你还需要知道，还有一样装备值得花大价钱为自己配备完全合适的。它不是剑、盾牌，也不是头盔。有些军团在几十年里都不参加一次军事行动，而且不管是进攻还是防守，在开战前都有的是时间来整理所需的工具。但不管是在和

---

① 1 罗马里约为 1.48 千米。

平时期还是战争时期，军团都需要东奔西走，士兵们还要背负重重的行囊，所以有一双好鞋万分重要。正因如此，我们将首先介绍奠定了罗马军队的优越性的关键性物件——行军靴（caliga），即罗马军人穿的凉鞋。

行军靴（caliga）？小军靴（caligula）？
还是大军靴（caligona）？

检查清单

1. 合脚——如果是新鞋，要考虑到皮革会被抻松。

2. 柔软、质量上乘的皮革。

3. 鞋上的皮质带子要结实——确保贴着皮肤那一面的边缘都被打磨光滑。

4. 崭新、合适的鞋钉。

无人哀悼的已故皇帝卡利古拉（Caligula）的名字来源于，其父亲日耳曼尼库斯将军曾把幼年时的他打扮成小军团士兵的模样，他便由此成了军团的吉祥物，士兵们给他取了个绰号叫"小靴子"（更准确地说是"小军靴"）。大军靴是一种较大的凉鞋，标配的鞋子是行军靴。

构造　这件军队必需品由三部分组成：鞋底（比脚长短半拇指宽为最佳），鞋内底和鞋面。鞋面有皮质的带子，用于调节松紧。这些带子和鞋底较沉的金属鞋钉最易磨损，因此最需要保养。检查带子是不是用蜡线紧密地双排缝合的，这样才更耐穿。

磨损　如果带子的边缘没有被打磨光滑，那你可以借一把锉刀自己打磨。边缘太硬的话，刚走几千步就会感觉到不适。要记住，皮革会越穿越松，所以要给新鞋留出被穿大的空间。在寒冷气候下服役的士兵为了不长冻疮，喜欢穿上厚袜子，但需要注意的是，在真正严肃的行军途中，袜子会很碍事。水泡破裂流出的脓水干了之后会把袜子和肉粘在一起，不仅走起路来生疼，脱下来时也会很痛。

鞋钉　行军靴鞋底上质量上等的鞋钉会在穿着者踢人时为他带来意想不到的增益效果——比如在控制人群、酒馆冲突等这种（在大部分情况下）不需要致命攻击的场合里。鞋钉更传统的作用是增加鞋子与因泥泞或血液而湿滑的路面之间的摩擦力，但不太适合坚硬、光滑的路面。一个名叫尤利安的百夫长在耶路撒冷攻城战中积极地追击敌军，考虑一下他的下场：

✝　✝　✝

他在四散逃窜的犹太人当中奔走，抓到一个就杀一个……但他自己却被命运女神追击，没有凡人能逃过。和所有士兵一样，他的鞋底布满了厚实、尖锐的鞋钉。当在神庙光滑的地面上奔跑时，他滑倒了，仰面摔在地上，身上的盔甲撞击出一声巨响。原本在逃跑的那些人闻声回过头来……用他们的长矛和剑攻击他。

——约瑟夫斯，《犹太战史》，第 6 卷，第 8 章

✝ ✝ ✝

束腰外衣

检查清单

1. 由紧密编织的布料精制而成。

2. 用合适的纤维原料制成（不同的部队或地区适合的材料各不相同）。

3. 一定要配腰带，最好还有一个固定用的别针。

4. 如果找不到和部队里其他人颜色相同的束腰外衣，选白色。

军团士兵的束腰外衣磨损严重，很多士兵几乎每两个月就要换一件。这是一笔大支出，因为即使是便宜的束腰外衣也要大约 6 第纳里乌斯一件（士兵在服装上的花费其实基本要占薪水的三分之一）。一件标准的束腰外衣工装可以用未漂白的布料制成，但大部分士兵都有一件外出时穿的纯白色束腰外衣。由于布料在漂白时使用了尿液和硫磺烟，所以最好认真把它散过味之后再穿，免得给人留下过于"浓烈"的印象。

合身 束腰外衣绝对都是均码的，一般长度和宽度相等。新兵需要记住，军队的束腰外衣是在膝盖之上的短款，而平民穿的

一般要长一些。要选择领口大的束腰外衣，因为在干重活的时候，将右臂从领口伸出，把外衣的右肩部位放在腋下会比较合适，这样上半身就不会被宽大的衣物妨碍。平时可以将领口打一个结，让它变小。这个结配上一两个装饰用的别针可以很有效地固定披风。

士兵穿的束腰外衣和平民穿的一样，里面能放许多东西。腰部有一根作为腰带的绳子将其束紧，穿戴者可以将其想携带的东西从领口放进衣服里，需要使用的时候再拿出来。

布料 束腰外衣的制作布料因地区而异。日耳曼尼亚和不列颠地区偏爱厚实的羊毛；在较温暖的地区，亚麻则更常用。一般说来，洗衣服是一项集体活动，最好和部队里的其他人穿相同材质的衣服。羊毛类的衣服最好是浸泡在大容器里，然后用搅棒轻轻挤压，像清洗亚麻布那样用力在石头上拍打清洗的话会洗坏的。

✢ ✢ ✢

村里的全体织工为卡帕多细亚的士兵提供所需物品……［包括］束腰外衣，白色，带腰带，3.5 肘长，3 肘 4 指宽，3 米纳[①]重……全部由纯白无瑕、仔细缝边的羊毛制成。

——军队衣物订单，公元 138 年，莎草纸选集文献，395 号

✢ ✢ ✢

颜色 束腰外衣的颜色都会很快和部队里其他人的变得一样，

———————————

① 1 米纳约为 510.3 克。

因为染料会掉色，而所有的衣服在洗的时候都混在一起。统一穿红色束腰外衣的部队选择这个颜色是因为红色染料——茜草便宜且易得。更有男子气概的解释是，红色能掩盖血迹。但首先，军团士兵们见到血一般不会有什么反应（除非是他自己的血，在这种情况下，不管衣服是什么颜色，他们都看得到）；其次，茜草在阳光下褪色很快，所以军团的衣服颜色在一场艰苦的战役过后就变成了迷人的粉红。白色是最易得的颜色，也是最显脏的颜色，这对打仗的士兵来说极其重要，因为如果衣料跑进了伤口里，那么布料是否干净是能直接关系到生死的。

盔　甲

检查清单

1. 有条件就一定要选择上乘的钢铁，而不是廉价铁。

2. 挂钩、扣钩和附件都必须有质量上乘的铆钉。

3. 查找是否有内嵌的锈迹，有的话就需要去除。

4. 有凹痕被敲平的铠甲为次品。

5. 是否合身至关重要——个性化定制一套盔甲，将内部所有的突起物都移除。

类型　在解决了最重要的鞋子和束腰外衣之后，我们可以来看看没那么重要的装备了，比如盔甲。每个军团士兵都知道，

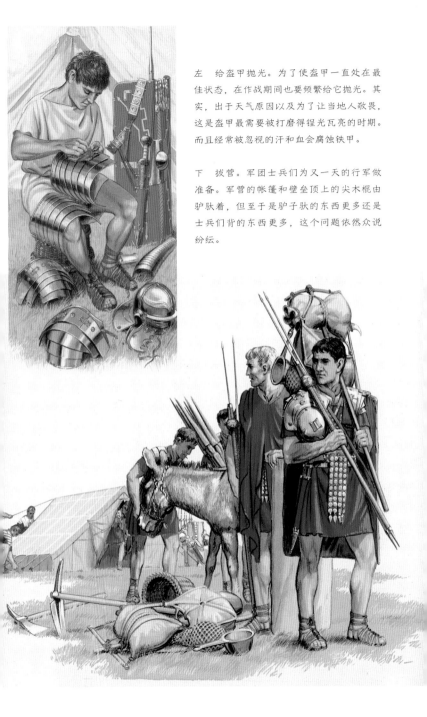

左　给盔甲抛光。为了使盔甲一直处在最佳状态，在作战期间也要频繁给它抛光。其实，出于天气原因以及为了让当地人敬畏，这是盔甲最需要被打磨得锃光瓦亮的时期。而且经常被忽视的汗和血会腐蚀铁甲。

下　拔营。军团士兵们为又一天的行军做准备。军营的帐篷和壁垒顶上的尖木棍由驴驮着，但至于是驴子驮的东西更多还是士兵们背的东西更多，这个问题依然众说纷纭。

前页上 "接招吧，你这木桩子，你！"
军团士兵练习格斗，直到这些动作成
为他的条件反射。背景里，他的指挥
官正在投掷圆头的重标枪。

上 一名百夫长在行军中责打一名犯
了错的士兵。由于这名士兵的斗篷下
面穿着盔甲，所以百夫长手里的棍子
伤不到他，但是百夫长也有很多别的
惩罚他的方式。

下 罗马兵力的 4% 左右，也就是 1 个军团，图中为检阅阵形。注意左边规模
是其他大队的两倍的第一步兵大队，前方有鹰徽手和旗手。右边是军团骑兵。

上　过去和现在。左边的罗马军团士兵和他们的百夫长迎接挥舞着镰刀的达契亚人的进攻，后者右臂穿戴护臂甲，给他们提供了额外保护。

下　之后，军团士兵们冲上前反击，同时掷出他们的重标枪。注意枪头后方用于增重的铅块。

上　过去的美好时光。一场攻城战中恺撒的军团士兵。他们的头盔顶上有羽饰，盾牌更接近圆形，但那时候的蛮族人还是和现在一样毛发浓密。

左上　罗马骑兵摆成战斗阵形。对阵战中，骑兵大多数时间都在作为后备力量待命。马匹很容易疲劳，一般在乘胜追击或掩护撤退时才会派上用场，具体会是哪种情况就要看当天幸运女神是否眷顾了。

右上　每个骑兵梦寐以求的场景——战斗之后，骑兵追赶落荒而逃的敌人，用马蹄践踏他们。这也许是骑兵们希望镌刻在他们的墓碑上的光荣时刻。

左下　罗马人在对抗汉尼拔期间，在不作战时建造壁垒，友军在一旁站岗。300年后，罗马军队在建造土木防御工事时依然采用几乎相同的安排，检查这些工作的百夫长还是一样严格。

上 公元 100 年，士兵挖战壕的场景，他们当时穿的盔甲与现在的不同。但他们才挖到表层土，他们的百夫长像其他各时期的百夫长一样，刻薄地抱怨士兵们的挖掘工作太差劲了。

下 第十六高卢军团在位于莱茵河下游的诺瓦西乌姆（今诺伊斯）的军营，公元 43 年。正对着我们的大门是德库马纳门。第十六军团现在是第十六忠实弗拉维乌斯军团，并且希望他们在莱茵河屈辱的历史能被遗忘。

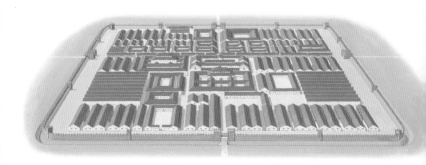

时是多么恼人了。但其实穿戴者可以利用维修断裂搭扣的机会哄锻甲师帮自己重新调整盔甲，让它变得更加合身。

头　盔

检查清单

1. 同样，合适是至关重要的。

2. 不合适的话不要加衬垫将就用。

3. 选用最新的款式。

4. 头盔内部的凸起会变成你头骨的凹痕。

5. 高卢的头盔为最佳。

6. 要考虑重量和保护程度之间的比例。

以前的头盔是青铜制的，现在的是铁制的。很多士兵仍然偏爱在高卢生产的头盔，认为高卢人的手艺比意大利人的更好。头盔是不断更新迭代的，一个新兵会拿到怎样的头盔取决于当时的头盔是何种样式。

当时的高卢头盔的样式。这种顶级的样式有一条横向的前额凸起，还有装饰用铆钉和耳朵上方的保护性突起。请注意头顶用来固定羽饰的部件，以及宽大的护颈上的一个小环，它能让你在行军时把头盔取下来，挂在铠甲上。

构造 所有头盔的基本构造都相同。头盔后方有一个反向的帽檐，以防止脖子被从后面突袭。额头前方的加固部分用于抵挡喜欢将敌人的脑袋从上到下劈成两半的蛮族人的攻击（因为达契亚人［见第 118 页］十分偏爱这种作战方式，并按照这种方式武装自己，所以找一个有额外的额前加固条的头盔是挺有必要的）。

头盔有保护脸颊的护板，能够挡开投掷武器，但挡不住猛烈的一剑。顶部还应该有一个突起物或是其他类似的部件，用于固定羽饰。羽饰曾经在战斗中很流行，但后来的罗马人更倾向于向敌人表现出自己是严肃不好惹的杀人机器（这倒是事实），所以现在只有一些特定的检阅场合会用到羽饰。

尺码 头盔的尺码是很重要的。不管是太小戴不进去，还是太大挡住了眼睛，都会看上去很滑稽，也不会起到威慑敌人的作用。不用说，合适的头盔不应该靠耳朵将其支撑在眉毛之上，但用衬垫让头盔变得合适也不是个好办法。

合适 头盔里的内衬必须结实，还不能太厚。过于柔软的衬垫很容易被压扁，无法很好地保护头骨，因为一记重击最后会变成士兵自己的头盔对其头部的撞击。头盔不仅要适合头型，也要有最新的耳朵上方的保护设计，不然后部的帽檐会擦伤皮肤，大大分散士兵的注意力。实际上，不管是分段式盔甲还是头盔，内部的凸起都是越少越好，因为穿戴者只要活动几分钟，就会明显感受到它们的存在。

头盔很重。如果是驻守在和平的行省，那可以选择一个外部凸起少的头盔。但尽管如此，在顶着这样的重物十多年后，军团士兵的脖子平均都会粗上几英寸。

罗马方盾（scutum）

检查清单

1. 确保护罩和盾牌是大小一致的。

2. 选择耐用、防水的涂料。

3. 仔细检查木材种类。

4. 避免选用上过战场的盾牌。

5. 查看边缘是否有结实的金属加固。

这件装备大部分时间都放在特制的涂油羊皮护罩里。盾牌上有精心绘制的军团纹章，只有在保养、抛光、阅兵或作战时才会从护罩里

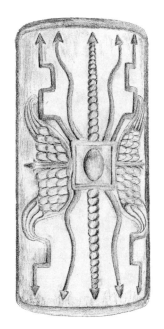

带有部队纹章的盾牌。在战场上，盾牌会承受大量的击打，这显示了它作为一件防御性武器的价值。但很多蛮族人在与罗马人交手之前并没有想到，在合理运用下，罗马人的盾牌其实也是非常实用的攻击性武器。

拿出来。盾牌明显的弧度意味着它不能被临时当成桌子或者担架。就连其他国家的部队和辅助军也觉得，除了在遭受攻击的时候（在这种时候罗马士兵反而会觉得自己的盾牌还不够厚重），盾牌就是个累赘。

构造　在战场上，敌人的矛头和士兵的身体之间只有盾牌的三层按照严谨的方式安在一起的木料，最常用的是橡木和桦木。制盾的工匠更喜欢用桦木，因为桦木柔韧性好，容易成型，而军团士兵偏爱橡木，因为橡木纹理细密，不易被刺穿——但这恰恰是做盾牌的人不喜欢橡木的原因。不管是哪一种木材，都会做成三合板，每一层都是按照木材的纹理，以合适的角度粘上去的。后面有木条加固，盾牌中央还有两个半圆的小洞，之间就形成了一个水平的把手（有的工匠喜欢在这里加一个金属条）。在面向敌人的一侧，洞口上覆盖着一个上面有圆形凸起的金属片。使用者像提行李箱一样，从上向下握住把手，这样才能将盾牌快速向上提起到防御位置。持盾者也可以用这只手拿着盾牌向前出拳，让盾牌变成一种巨型"指节铜套"。

上色和身份识别　盾牌表面可以包裹布料或薄皮革。皮革更易清洗，但如果绘制装饰的颜料是酪蛋白（一种从牛奶中提取的涂料），那么布料则更不易褪色。不管是哪种材料，盾牌都需要定期打蜡，保证颜色亮丽和木料状况良好。一定要用钉子、打孔器或凿子在盾牌上做记号，以避免在营地里时常会发生的拿错盾牌的误会。盾牌的黄铜边缘和圆形凸饰内侧等位置都很适合做记号。

尺寸 盾牌的大小和形状可能会有所不同。实际上,一些边缘弯曲的老式的奥古斯都式的盾牌现在依然在被使用。新兵应该选择能保护从肩膀周围到膝盖(35—45英寸长)这一部分身体的盾牌,略窄于3英尺。大于这个尺寸的盾牌会影响剑的活动。而且罗马军队坚信,进攻就是最好的防守。

西庇阿注意到,有一个盾牌装饰得典雅又华丽,说道,他并不为这样精美的装饰而感到惊讶,因为相比于剑,盾牌的主人显然更依赖自己的盾牌。

——弗朗提努斯,《谋略》,第4卷,第5章

罗马短剑(gladius)

检查清单

1. 重量协调。

2. 高碳钢为最佳。

3. 防滑剑柄兴许能救你一命。

4. 剑和剑鞘要成对。

尽管防护很重要,但除非穿着盔甲的人主动出击,否则所有

71

3 把罗马短剑。选到一把适合你的剑可能会是你做过的最重要的选择。中间的是最新的款式，较长的那种现在已不被步兵使用了，但辅助军士兵，特别是骑兵很常用这种剑。

的铠甲都仅仅是能拖延被杀死的时间罢了。在主动上前迎击敌人时，军团偏爱用剑近身攻击。本书会有其他部分介绍剑的使用方式，以及军团的哪种阵形能最大限度发挥剑的作用等。本章只探讨剑本身。剑从本质上来讲就是一件工具。军团士兵用的剑是一件精心设计的用来刺穿人体的工具，能从肚脐穿过之间的其他器官直达心脏。

重量协调 新手会觉得罗马短剑很重，这也是想要长时间用剑的人需要注意剑的整体重量协调感的原因。协调感之所以重要，原因有二：其一，剑的重量协调的话，能促进使用者形成"定点意识"，这是一种重要的直觉，即在没时间去看并确认剑尖在哪里的情况下，也能感知剑尖确切的位置；其二，整体重量协调的剑用起来更省力，这一点在只有敌人都死光了战斗才会停止的情况下非常重要。

构造 罗马短剑基本上就是一个 18—22 英寸长、2 英寸宽的尖锐铁片。罗马短剑是双刃的，横截面是扁扁的菱形。最好能问一问工匠剑的碳浓度，因为大部分的剑核心部分碳浓度低，但你应该要求自己的剑的刃，或最好整个外层都使用碳浓度高的好钢。在开战前，很多军团士兵都痴迷于将剑刃磨得很锋利，但这唯一的作用其实只有给他们一些心理安慰罢了，因为军团的剑最适合捅刺，所以剑尖儿才是最重要的。但和一般的捅刺型武器不同，罗马短剑没有引血槽，即剑刃上为使空气进入伤口而留的凹槽。没有这些凹槽，肌肉会夹住剑刃，所以持剑人在把剑刺进敌人体内之后需要立刻用力一拧，才能把剑抽出来，以便于进行下一次攻击。

他们内心充满了恐惧。他们［马其顿人］习惯于和希腊人以及伊利里亚人打仗，见过由矛、箭，或偶尔由骑枪造成的伤口。但现在，看到［罗马人的］西班牙短剑把人的胳膊砍掉、把头砍掉，还能造成可怖的能露出内脏的伤口——在意识到自己面对的是怎样的敌人和武器后，他们陷入了恐慌。

——李维，《罗马史》，第31卷，第35章

剑柄 如果剑柄太滑的话是很危险的，原因在前文已经提到了，也更是因为，持剑人手心都会或多或少地出汗。因此，选剑的时候要选整体重量协调、剑柄比较粗糙的（骨头比生皮好，生皮比木头好）。剑刃的后延部分，即插入剑柄的部分，与剑柄的圆头是牢牢相连的。罗马短剑柄上末端的圆头比一般剑的圆头大，

部分原因是为了平衡剑身的重量，还有一部分原因是，如果剑粘在了敌人体内，圆头能为拔剑提供一个很好的支撑点。

剑鞘和配件　一把剑只有满足了各项基本条件后，才值得去为它考虑其他东西，比如剑鞘上的装饰。剑鞘上一般饰有带浅浮雕的黄铜片，能起到装饰和保护的作用。剑鞘的皮面一般都有凹凸的花纹和其他装饰。剑鞘应该是为具体的剑定制的，这样才能保证剑鞘不会太大，令剑在里面晃来晃去、叮当作响（在进行隐秘行动的时候会很尴尬）；也不能太紧，将剑紧紧卡住（在紧急情况下拔不出剑来会更尴尬）。

剑鞘和剑由一条肩带斜挎在左肩上，高高地挂在身体右侧。记得要让剑鞘稍微向前倾，这样拔剑、入鞘才更方便。很多军团士兵喜欢交叉斜挎两根肩带，多出来的那根边挂一把多功能匕首（puglio），平时比剑更常用。

重标枪（pilum）

检查清单

1. 除却打仗的时候，它是不是个笨重又无用的累赘？

2. 如果是的话，那它就是重标枪没错了。

3. 尽量不要带。

军团士兵都知道，重标枪不是一般的矛。很多民族都会使用后者，包括罗马辅助军，但罗马军团不用。在长途行军途中，矛的用处有很多。首先，它是个实用的拐杖。其次，将一支矛矛尖向下插在地上就形成了一根竖杆，将三支矛用皮绳固定，一个临时三脚架就做成了，可以悬挂兔子这样的小猎物。在有人受伤的时候，用两支矛撑起一件束腰外衣，就有了一个临时的担架。在战斗中，矛是一种中等射程的投掷武器，也可在近战中使用，给使用者提供较长的攻击距离。此外，在不太危急的情况下，矛也勉强可以充当铁头木棍，要知道，不少人认为棍子是最好的武器。并且，除却矛的一切实际用途，它还比剑轻。

缺点 军团士兵会悻悻地告诉你，重标枪可以说是完美避开了矛所拥有的上述所有优点。其主体是 4 英尺的实心白蜡木，底部稍微削尖，到这看起来还不错，但它的平衡体是一个实心的木质三

军团士兵们为了适应日耳曼的冬天做出了一些改变。他们穿着露趾袜，束腰外衣下穿着短裤，多戴了一条围巾。此外，为了抵御恶劣的天气，他们还把头盔戴在了头上，而不是拿着。

角，上面用铆钉连接着一支 2 英尺 5 英寸长的又细又软的铁杆，末端是一个小小的三角形。这样的构造使重标枪沉得不合理。铁杆前有时还会加上一个铅制小球，使其变得更沉。

由于前端的细杆是铁质的，不是钢，所以很容易弯曲。连接铁杆和木杆的铆接部分有时也很不结实，令重标枪更容易坏掉。因此，相比之下，一般的矛是士兵行军中可靠的伙伴，而重标枪就像一堆破铜烂铁。

优点　标准的矛是一种多功能型工具，而重标枪只有一个功能。重标枪在每场战斗中只能使用一次（你可以事后将它弄直，但被弄弯又掰直几次之后，金属头会断掉）。重标枪一经掷出就没用了，捡回来也没什么意义。如果重标枪击中了盾牌，那么靠着自身的重量，金属矛头至少可以部分扎进盾牌里，铆接部分此时可能已经断了。对于拿盾牌的敌人来说，如果不将上面的重标枪拔出来的话，盾牌就完全变成了累赘。然而，重标枪只是罗马军团冲锋的序章，后面紧跟而来的是士兵们本人的挥剑攻击（还带着好用的盾牌），所以敌人基本没时间把重标枪从盾里拔出来。一般说来，如果盾被重标枪击中，那么拿盾的人最好是直接扔掉盾牌，在没有盾的情况下和罗马士兵搏斗。

尽管重标枪能够有效地迫使敌人放弃盾牌，但这并不意味着这是它的主要功能。投掷得当的重标枪是能够杀死人的。它的重量能使铁质枪头直接刺穿人体，再加上冲锋的罗马士兵可以同时掷出他们的重标枪，那敌人（尤其是如果你不幸作为敌军的旗手的话）要担心的就不是如何躲避一支，而是好多支重标枪了。

在扛了这个一直派不上用场的东西大概 10 年之后，军团士兵终于能使出全身力气把它扔出去了，这对敌军来说可不是什么好事。

其他装备

有这样一句话，如果你扛着自己扛不动的东西走 1 英里，那就不是这些东西属于你，而是你属于这些东西了。按这个标准，行军中的罗马士兵都是货真价实的自由人。然而，肩扛近 60 磅[①]行李的普通军团士兵对此可能有不一样的看法。以前，罗马军队后面跟着行李车队和仆人，这个队伍和军人的队伍一样大，有时甚至比后者规模还大。马略将军（见 18—19 页）叫停了这一舒心的安排。他颁布法令规定军团士兵自己扛自己的行李，不能由驮畜代劳。这便是为什么军团士兵有时候被叫作"马略的骡子"。

行囊 军团士兵背的行囊没有肩带，因为肩带会妨碍他们在紧急情况下丢弃行李。相反，除了背在身上的一部分东西，大部分的东西都捆在一个叫作"福尔卡"（furca）的工具上。它是一根 4 英尺长的木棍，顶上有一根横杆，使其呈 T 字形，包（类似一个卷起来的皮质大包）就绑在横杆上。

---

① 1 磅 = 453.6 克。

挖掘工具 "福尔卡"上还绑着一把錾斧（dolabra，比剑、盾和重标枪加起来都更常用。详见第8章）。

斗篷 取决于天气情况，军团士兵有时也会把斗篷收进行囊。斗篷一般是羊毛制的，所以很重。为了更好地抵御恶劣天气，羊毛应该是用羊毛脂油浸泡过的。在多雨的山坡，羊就是靠羊毛脂防水的。羊毛脂油有股怪味，当8个男人在一个帐篷里盖着斗篷睡觉时就会变得尤其浓烈，但往好处想，至少羊毛脂油对皮肤还挺有好处的。

帕特拉（Patera） 另一件罗马军团士兵都不想带的装备就是帕特拉了。它既是多功能的杯子，也是烹饪锅，还能是饭碗。最好的帕特拉是直径约为7英寸、青铜制的，有时内侧裹一层锡，底部有凹槽，方便煮饭时导热。由于经常要把它放在地上，所以要选一个底部大且平的，不要选弧形底的。重一点的帕特拉更结实耐用，但它的重量在行军时可不是个优点。所以，就像军团生活的其他许多方面一样，这只是从两个不好的选项中选其一罢了。

水壶 又是一个这样的例子。很多人"不知道"水的一个特

一个好的帕特拉很重要。你在一场战争中可能只会在愤怒中用到一两次剑，但你一天就会用到两三次帕特拉。

色，那就是它重得出奇。因此，士兵必须要在背几磅水（依地区而定）和渴到脱水之间做出选择。在有些地方，空心葫芦加上蜡制瓶塞是绝好的轻便水壶。葫芦上没法加把手，但是可以在它外面套一个网兜，用绳子背在身上，也很方便。

配给 指几天的食物供给（包括硬饼［buccellatum］，一种据说是可以食用的干面包，放好几年都不会坏，说不定还能用来修补盾牌呢）。

背上这些东西后，军团士兵就可以出发了。自然，不管是在行军途中还是在营地，他带的东西肯定不止上述这些（好在一些物品，包括帐篷，还是由骡子或者牛车运输的）。尽管如此，所有军队都有这样一条合理的规定，那就是把不想丢的东西都自己背着。

一个小队的集体伙食供给。在行军打仗时，每个小队都有一个研磨玉米用的磨子，但在需要赶时间的时候会把玉米直接煮了吃。大家都喜欢新鲜蔬菜，而且乡下孩子都知道怎样设陷阱抓野兔，给自己加道菜。

✚ ✚ ✚

步兵几乎和驮畜没什么两样。

——约瑟夫斯，《犹太战史》，第 3 卷，第 95 章

✚ ✚ ✚

关于军队的小事

水手们曾要求韦斯帕芗发放买鞋的钱，因为他们发现，在码头和罗马之间来回行军奔波很费鞋。出了名的小气的韦斯帕芗的回应是要求他们光脚行军。

✚

如果军团士兵犯了一个小错的话，可能会被罚穿着不系腰带的束腰外衣站岗，以此羞辱他。

✚

一套分段式盔甲应该有 12 到 15 磅重。比这轻的话意味着铠甲更薄，保护力更弱，但行军时能轻松一点。

✚

现在仍然有人用青铜制头盔，但最好不要用。

✚

和其他装备比起来，盾牌在上过战场后变形最严重，所以需要经常修理或更换。

✚

每 8 个人有一只骡子，用于驮他们不背在身上的装备。

✚

剑鞘的拉丁语叫法（vagina）在英语中是"阴道"的意思。

✚

对斗篷进行防水处理时用的羊毛脂油后来也被用作护肤产品。一个知名护肤品牌就是基于"羊毛脂"（lanolin）一词命名的。

☩ 5 ☩

训练、纪律和军衔

接到两个互相矛盾的命令时，两个都要服从。

☩　☩　☩

训　练

训练一般要经过 5 个循序渐进的阶段。每当士兵们以为自己已经度过了最艰难的阶段，教官又会将训练难度提升到一个新的境界。

阶段 1　行军训练

大将军西庇阿·阿非利加努斯曾说过："一个士兵如果不能走，那他有什么用？"军队把这句话铭记在心，新兵在无数次列队行进的过程中，在军队里了解的第一样东西就是军营周围的地形。一队新兵能够在 5 小时内走完 20 罗马里之后，就该挑战在12 小时内走 40 罗马里了。如果他们在做到后者之后，第二天还能走动的话，那就又该回到 20 罗马里的训练了，不过这次要穿戴全套盔甲。由于罗马军队都是按照整齐的队伍前进，没有耐心等待跟不上的人，所以习惯军团的步伐是很重要的。行军是一名军团士兵的主要职能之一（剩下的用处就是看起来威风和杀人了）。即使是接受了完整的训练、被安排在一处固定军营的士兵也会经常参加长距离的行军训练。

阶段2 木桩训练

一旦有参战的机会，不管战场有多远，军团士兵都会被教授在战场上该干什么。士兵接受的武器训练和角斗士的几乎相同，这是马略时期的另一项创新，因为马略在成为将军后，发现他的同僚鲁提里乌斯·鲁富斯手下的角斗士教练训练出的士兵比自己的士兵优秀。因此，和受训的角斗士一样，每个军团士兵所面对的第一个敌人便是一根大木桩，要对着它练习剑术。有时候训练桩在室内，这样训练就不会受天气影响，但大多数训练桩是在室外的，因为大部分指挥官认为，对士兵们来说，没有什么是比在恶劣天气中训练过后，再花几个小时给盔甲上油、抛光，防止其生锈更大的"放松"了。

至少在这种情况下，军团士兵的剑和盾牌都是收起来的，不用受风吹雨淋。训练用的盾牌和剑都是木质的，士兵们对它们的恨意马上就会超过对帕提亚人和达契亚人的。木盾和木剑故意被制作得比真盾真剑沉，这样军团士兵长时间在木桩上练习捅、刺、假动作、猛冲等技能时，能把手臂练得更有力。虽然正如后来的作家维盖提乌斯所说，军团士兵会"嘲笑那些使用剑刃〔而不用剑尖〕的人"，但罗马短剑是一种各方面都很成熟的武器，砍劈练习也包含在训练中。

阶段3　重标枪训练

士兵能足够熟练地使用剑，且能轻松自如地应对木桩后，就该开始重标枪训练了。随着士兵们越来越熟悉训练的套路，训练用的重标枪比正常的重标枪沉一事已经不会再令他们惊讶了。此外，训练用的重标枪没有钢制的头，取而代之的是一个皮纽——其硬度能让被戳到的人感到疼痛，但顶多只能戳出一块瘀青。如此设计是因为，重标枪的训练包括两个部分：如何投掷以及如何躲避。两支小队为一组练习。后期练剑把训练桩换成真人时也会这样。这里的武器当然也是加了防护垫的，练习的对象也大多是同期的新兵。但有时也会有一脸坏笑的老兵一边折磨新兵，一边指出后者技术上的不足。

阶段4　敏捷训练

认为一套合身的铠甲不重要的人此时会发现它的重要性。对于需要全副武装地攀爬梯子、翻越壁垒的士兵来说，身手敏捷是很重要的。因此，每个营房里都有一个鞍马，士兵们要穿着全套盔甲跃上或跃过。在做这种练习时，如果铠甲里面有任何凸起或是不平整的地方，它们在你每次摔跤后都会在你身上留下相同形状的青紫。随着士兵的敏捷度提高，训练难度也随之提高，士兵最后需要能够握着出鞘的剑，甚至重标枪跃过鞍马（在这种情况下，你会更不想摔倒）。但往好处想，在鞍马训练中表现突出的人也许能晋升为军团的骑兵，骑上一匹真马。

+ + +

每个士兵每天都拿出和在战场上一样的力气训练。

——约瑟夫斯，《犹太战史》，第 3 卷，第 5 章

+ + +

阶段 5　集体操练

在成为一个基本合格的单兵后，就该开始学着成为集体中合格的一员了。集体操练一次接着一次，先是在练兵场，随后转移到开阔的野外，直到这一个部队的士兵们能够随着一句喊出指令或一声号响整齐如一地移动。每个新兵都要知道自己在阵形中的位置、如何调整错误站位、如何从单排列队变换到楔形队列，或如何在队列被切断的情况下（朱庇特保佑，千万不要在实战中发生）变成圆形的防御队形，抑或如何在不打乱掩护部队队形的情况下撤退到他们身后。随后，部队将学习如何在地形破碎的地带快速前进、后退，或横向移动时完成上述动作。此时，他们才会真正意识到，拥有一个能让自己及时听到指令的头盔有多么重要，因为反应最慢的那个人一定会得到教官的"特别"关注。

准备作战。军团士兵们全副武装，盾牌也已就位。虽然他们肩并肩地挤在一起，但这并不会影响训练有素的密集队形战士的战斗力。

付出总有回报

异常劳累的一天过后，你可能会觉得，这一天里的瘀青、被羞辱和精疲力竭只是为了满足某个教练的虐待狂倾向。说实话，这种想法很有可能是正确的，但这些训练的意义远不止锻炼身体和学习战斗技能。未来，在一场苦战里，你也许会没有时间休息，也没有配给的粮食和援军，但你周围都会是习惯了这一切、不会坐下来怨声载道的士兵。当然了，你还可以想象，教练也在战场上，每当战斗变得激烈时，就会回头不安地瞟几眼报复心强的自己以前的学员。

严格的训练会让士兵把自己是军团这个移动杀人机器中的一个齿轮这一意识根植在心。此外，你也可以略微松一口气，因为对面军队里的业余战士们根本不像你一样受过这么多训练，纪律和排兵布阵的技术也逊色许多。更棒的是，敌军自己也知道这一点。总之，如果士气的重要性是人数的三倍的话，那么充分的训练就意味着带着更大的胜算上战场。

✠ ✠ ✠

我祝贺［军团长］以这样值得称赞的方式训练了你们。

——哈德良致第三奥古斯都军团，公元128年，

《拉丁铭文选集》，第2487条

✠ ✠ ✠

纪律，或新手的"十一抽杀律"

不堪回首的过去

啊，罗马军队出名的军纪！大家围着篝火讲述过去严格的军

纪，不放过各种残酷的惩罚的任何一个可怕细节。在公元前294年的萨莫奈战争中，有一个部队弃阵逃跑了。他们的指挥官阿提利乌斯·雷古卢斯用另一支步兵部队拦截了他们，把他们作为逃兵杀死了。提比略·恺撒皇帝的祖先阿庇乌斯·克劳狄乌斯把从战场上逃跑的部队里的每十人中抽一人（即"十一抽杀律"），用棍棒打死。另一位将军阿奎里乌斯也采取了类似的做法，但处刑方式为砍头。在镇压斯巴达克斯的角斗士叛乱时，前三头之一克拉苏对逃跑的部队执行了十一抽杀律。在没开始追求克莉奥帕特拉的时候，马克·安东尼对两个步兵大队执行了十一抽杀律，因为他们没能阻止敌军烧毁他的攻城器械。公元18年，第三奥古斯都军团在阿非利加对阵努米底亚人时弃阵逃跑，后被执行了十一抽杀律，被抽中的人被棍棒打死。共和国时期，梅特卢斯·马其顿尼库斯将军在西班牙奠定了这个基调。如果他的士兵被敌军从军事要塞击退了，他会给幸存者一点时间写下遗嘱，然后让他们再去夺回这个要塞，成功后才准回来。

军团士兵的反击

需要注意的一点是，这些严厉的惩罚大多已经成了历史，当时职业军队还没出现（但历史上最后一次十一抽杀律是于公元69年在加尔巴皇帝的命令下执行的）。即使是在以前，罗马军队也并不总是乖乖地接受惩罚。也是在西班牙，指挥官赛尔维利乌斯·加尔巴（加尔巴皇帝的一名祖先）因为其手下的骑兵拿他开无礼的玩笑，而派他们去遍布敌人的山丘拾柴。整个部队怒火中烧，很多其他的士兵也自愿加入了拾柴的队伍，人数壮大的他们令敌人不敢接近。回来之后，士兵们把柴火堆在了指挥官的帐篷周围，把它一把火烧了。

但职业军人有时也会做出违反职业道德的事：

在盲目的暴怒中，士兵们剑指百夫长。士兵们一直心怀怨恨，是百夫长们先挑起了他们的怒火。士兵们将百夫长推倒在地，对他们凶残地拳打脚踢……百夫长们浑身血肉模糊，有的已经没有了呼吸，被士兵们从防御工事里扔进了莱茵河。

——塔西佗，《编年史》，第 1 卷，第 32 章

✝ ✝ ✝

在碰上一名很爱为难人的百夫长时，士兵们都喜欢在心里回味这个引人入胜的小故事。

做好心理准备

虽然这些故事令人胆战心惊，但在现实中，每个人在军队中遇到的难处根据驻扎地点和指挥官的不同，差别其实很大。有些上了年纪的军团士兵还记得在帕提亚人变得令人头疼之前在东部地区的军团生活。

✝ ✝ ✝

大家都知道，军队里有从来没站过岗，也没在夜间巡逻过的老兵，也有没有头盔和胸甲的士兵。他们是圆滑又富有的商人，整天待在城里，壁垒和壕沟对他们来说反而是陌生的。

——塔西佗，《编年史》，第13卷，第35章

✝ ✝ ✝

对于军团士兵来说，这样的好日子并不是常事。诚然，指挥官太好说话并不总是好事，比如他若允许百夫长们受贿的话（见第7章）。相反，对于严于律己的士兵来说，一个恪守纪律的上级其实更好。并不是所有惩罚都是按照同样的重度执行的，对初犯的人会适当放宽。有时候在一个地方会遭到一顿毒打的行为，在另一个时间和地点可能最多只是被训斥一顿。

惩　罚

现在我将由轻到重依次介绍军团士兵有可能面临的惩罚措施。小惩罚是平时难免的，碰上集体惩罚的话则算你倒霉，但是记住了，没有士兵能够严重违反军纪或玩忽职守两次，因为他在第一次犯时就被处决了。

小惩罚——大多不可避免

责打（Castigato） 百夫长手里会带一根用来教训士兵的葡萄藤手杖（vitis），可能会被它随便打几下，也可能会是一顿毒打（刚才提到的公元 14 年被扔进莱茵河的百夫长们当中就有一位人送外号"再来一根"的百夫长，因为他打人时经常会把手杖打断）。

罚饷（Pecunaria multo） 被扣工资——常见于丢失装备（不管是在什么情况下丢失的），或有当地人参与的反叛行动中。被扣的军饷将用于弥补损失。

额外工作（Munerum indictio） 通常是打扫马厩或厕所。但这一惩罚经常通过贿赂百夫长变成了前面的罚饷。人们有时甚至严重怀疑，百夫长实施这项惩罚是否就是为了拿到贿赂。这些额外工作有时还必须在被羞辱的情况下进行——军官们最爱用的方式就是不准受罚者在束腰外衣上系腰带，让他们像个穿裙子的女人那样去站岗。

以上基本就是日常生活中犯的小错会面临的惩罚。更严重的罪行，或玩忽职守的行为会相应受到更可怕的惩罚。

大惩罚——千万要避免！

剥夺衔级（Militiae mutatio） 失去军衔或长期服役所得的特权。由于这些都是一个士兵经过漫长艰辛的煎熬得来的，所以被剥夺的痛苦可想而知。降级（Gradus deiectio）也包括剥夺特权，但还包括被转移到低一级的军阶。

公开责打（Animadversio fustium） 这场鞭刑可不只是被百夫长抽几下，而是在整个部队面前被狠狠鞭打。这是对像在军营站岗时睡着这种严重玩忽职守行为的惩罚。（用重标枪撑着盾牌，然后靠在盾牌上打盹时如果睡得太熟，这个本来就不怎么牢固的三脚架结构就会倒塌，发出雷鸣般的巨响。）

棍刑（Fustuarium） 在军营站岗时打瞌睡被逮住的士兵未来的日子不会好过，而在周围有敌军时站岗打瞌睡被逮住的士兵是没有未来的，会被直接打死，在被军营里的最高官员（至少是个军事保民官）审讯后执行。当判决通过后，保民官会用自己的手杖轻轻碰一下犯人，然后后退。他手下的士兵会踢、鞭笞，或用石头砸犯人，直至他死亡。因为军营在夜间非常容易遭受袭击，所以大家通常会积极参与这种惩罚，但有一些非常受欢迎的士兵还是能捡回一条命的，只会被打成残疾。

集体惩罚（由轻到重）：

削减配给（Frumentum mutatum） 一支做了使罗马军队蒙羞的事的部队全队都会没有肉吃，小麦也会被换成大麦，因为大麦通常被用作动物的饲料，所以这是很大的羞辱。有时还会有军官落井下石，扣除他们的军饷作为额外的羞辱。

墙外扎营（Extra muros） 这个惩罚就是让受罚的部队住在军营的墙外。即使外面没有敌人，且天气温和，但还是会有一种被军团——这个他们唯一熟悉的集体驱逐的感觉。可想而知，重大的惩罚往往也伴随着另外一些较轻的惩罚。如果一个部队被处以了十一抽杀律，幸存的士兵往往会被罚墙外扎营，直到他们在敌人面前展现出了视死如归的英雄气概才能回营里。

开除（Misso ignominosa） 当皇帝觉得某支部队太没用了，不配当罗马军队的一员时，这支部队的成员——有时是整个军团——会在耻辱中被遣散，且这份羞辱会伴随他们一生，也得不到养老金。需要注意的是，单人也可能被开除。

✠　✠　✠

当他［日耳曼尼库斯将军］问到，曾经是他们的荣耀的军纪现在怎么样了？他们［士兵们］苦笑着向他展示了自己身上被鞭打的伤疤。

——塔西佗，《编年史》，第 1 卷，第 35 章

✠　✠　✠

军衔：从低到高

"军衔"这个词在此其实有些误导人，因为罗马军团士兵并没有类似的职业生涯路径。绝大多数人在 25 年的军旅生涯结束时，身份和刚入伍时还是一样的。希望晋升为百夫长的人可能会因为突出的表现而如愿以偿，但更有可能是在参军前就已经花钱买好，或是疏通好关系预定了这个职位。更高的职位——住在同一个帐篷的军团长和军事保民官都是政务官，在军队里待完会出任更高的官职。

但这并不意味着所有的军团士兵都是平等的。有一些士兵是挺平等的，但有抱负的人会和普通的士兵们保持距离。

普通兵（Munifex） 新兵一开始基本都是普通兵，没有任何级别或特权，甚至算不上军团职业阶梯的最底层，而是地板。如果你是个普通兵，那么驮着部队帐篷的驴子可能都比你地位高。

专业兵（Immunis） 正式加入军团且接受了全套训练后，普通兵就会成为一名专业兵。军团士兵分为两种，一种是有特定责任的专业兵，另一种是没有的。后者负责砍柴取水，以及打扫厕所、抬重物这类脏活累活。不用干这些活的士兵有自己的任务，比如当铁匠或为军团算账。一名专业兵犯了错的惩罚是剥夺其专业兵的身份，由此可见，虽然专业兵依然算是常规兵，但日子还是要相对好过的。

如果你想成为专业兵（新兵都应该以此为目标）的话，最好掌握一门技术，比如管道工程、武器制造、木工等。识字是一大优势，因为军团里总得有负责通信和记录的文职人员。如果你会读书写字，一定要马上让号手（cornicularis）知道这事，因为他一般负责管理军团的文职人员。做文职的好处是，工作场地一般都在室内。诚然，这种安排不是为了保护文职人员，而是为了保护书写材料，但文职人员确实跟着沾了光。尤其有算术天分的人可以成为负责举军旗（不是鹰徽，鹰徽由等级更高的鹰徽手[aquilifer]负责）的旗手。旗手举着一只张开的手掌的标志，提醒士兵们不要忘了他们的誓言，同时也负责管理军团的退休基金。

士兵们在战场上会拼死保护军旗，其实也是为了保护了解他们退休金的具体情况的人。意识到这一点后，你就不会奇怪为什么退休金要交由这个在战场上是众矢之的的人来管理了。

在这一时期，专业兵并不是一个军衔，也不是官职。如果有百夫长存心刁难，硬要一个专业兵去挖战壕，那他也只能咬紧牙关，祈祷军团里有身居高位的人能想起他为军团的福祉所做的特殊贡献，从而把他调回原来的岗位。

✠ ✠ ✠

无须从事［其他］劳务的人有……马车修理
工、保民官的勤务兵，以及库里阿提乌斯和
奥列里乌斯，即记账员和文员。

——来自一个埃及军团（第三昔兰尼加军团
或第二十二德尤塔卢斯军团）的职务登记
单，日内瓦拉丁语莎草纸，1.4.B

✠ ✠ ✠

后来的旗手。旗手是常规士兵在部队里能谋求的最高职位之一。在战场上，旗手会受到很多敌人的针对，所以必须得是一个勇敢无畏、意志坚强的人。在行军时举着鹰徽也不是件容易的差事，所以尽管旗手拥有众多特权和双倍工资，在决定当旗手前也要三思。

初级军官（Principalis） 除了当个好兵就没什么特殊技能的人应该把成为初级军官作为目标。这是比专业兵要好的职位，但相应地也只对较少士兵开放。口令官（tesserarius）就是初级军官的一种。从名字就可以看出，他是负责组织哨兵工作的人员之一（每天的口令通常写在一块陶片〔tessera〕上）。百夫长副手也是初级军官的一种，他的职责便是在百夫长忙于别的工作或前胸被一支长矛刺中时接管他的职责。一个军团里的百夫长副手有自己的行会（schola），和其他初级军官一起形成了关系紧密的小圈子。初级军官们和百夫长们的工作密切配合，最有机会晋升为百夫长。一个士兵只要一只脚迈进了这个小圈子，那他接下来的军旅生涯几乎就能保证很顺利了。

百夫长及其他军官

普通军团士兵和军团里的高级军官交集很少。一个基本准则就是，见到头盔上有横向展开的顶饰的，或者胸甲下系了一根漂亮绶带的人，就绕开。有绶带的是军官，他们在该战斗的时候战斗，阵亡的概率和普通士兵一样。百夫长同样也应表现勇猛，激励其他士兵。他们头盔上显眼的顶饰毫无疑问地让他们成了战场上被针对的对象，因此很容易被敌人杀害，但大部分军团士兵并不会因此感到难过……

非士兵军衔

百夫长

百夫长内部有复杂且混乱的等级关系，但似乎只在决定一些小事上起作用，比如酒馆里最好的位置属于谁，或是当需要在雨里指挥一支杂役队时，谁会是最后一个轮到的。一个军团里大概有 60 名百夫长（每个士兵都会告诉你这太多了），第一步兵大队的百夫长看不起其他百夫长，而前排百夫长（pilus prior）又有可能看不起后排百夫长（pilus posterior）。

第三步兵大队的青年兵前排百夫长和第五步兵大队的壮年兵前排百夫长谁的地位更高，两个当事人可能十分在意，但其他人都不怎么关心。对普通的军团士兵来说，所有的百夫长都令他们头疼，所以巴不得百夫长们天天离队执行任务，而百夫长们也确实经常外出执行任务。百夫长拥有不同的主动权和地位，是军队

一名百夫长自豪地展示自己头盔上的横向顶饰。他的盔甲上展示着因在战斗中表现英勇而被授予的奖牌。他的一只手上拿着用来抽打军团士兵的葡萄藤手杖。

里的全能士兵，适合执行外交任务、法律判决、押送重要囚犯，或带领小队进行劫掠、侦察，或殿后。

✠ ✠ ✠

那个军团里有两个非常勇敢的人……百夫长提图斯·普罗和百夫长卢奇乌斯·沃雷努斯。他俩之前总是争吵不断。

——恺撒，《高卢战记》，第 5 卷，第 44 章

✠ ✠ ✠

首列百夫长（Primus Pilus） 一个军团里的第一百夫长。要想站上这个位置，光凭在战场上骁勇善战是不够的，还要经历官场上的明争暗斗。他的主要品质有勇敢、冷酷、组织能力强，以及同情心弱。他可能会受人尊敬，几乎一定会被人畏惧，但一般不会受人爱戴。

军事保民官

"如果有人向军事保民官敬礼，那一定是因为光线不好，他没看清"，不要管这样的评价。以前确实有些想当将军的人加入军队只是为了让自己在政治生涯中走得更远，一听说敌人靠近了就吓得魂不守舍。但是现在军队中的大多数军事保民官都有指挥辅助军部队的经验，在战场上专业地指挥一两个步兵大队不成问题。每个军团有 5 个军事保民官，他们的能力有高有低，但都有狼虎

97

般的赤裸裸的野心。

军营长官（Praefectus castroreum）

别的军官可能会不清楚自己的职责，但军营长官绝对是货真价实的专业人士，通常是军团里在职时间最长的百夫长，比谁都更了解军团的历史和运作方式。好在他的军衔比军事保民官高，而且只有格外自信的宽带军事保民官才敢违抗他。军营长官也可能是唯一能把首列百夫长叫出来教育或训斥一顿的人（他自己也是从首列百夫长晋升上来的）。

宽带军事保民官（Tribunus laticlavus）

如果军团长发生了什么不测（比如被召回罗马，以潜在叛徒的罪名被处死），那么宽带军事保民官就会接替他的位置。"宽带"指的是他挂在束腰外衣之上的一条宽布条，因为他和他的指挥官一样，从理论上说也是一名元老，或至少属于元老阶层。然而，军团的指挥级职位有时也会任命非元老，这有可能标志了从政标准的下降，也有可能意味着军队变得更加专业化了，看你想怎样理解了。这会是一个不停地问军营长官他该干什么的年轻人。

军团长（Legatus legionis）

军团长是一个军团的最高指挥官。如果某个行省内只有一个军团，那该军团长可能还会是这里的行省总督。军团长平均只任职 3 到 4 年，因为皇帝们不希望军团士兵与指挥官关系太过紧密，毕竟手握罗马可观的一部分军力难免会让人产生一些想法。

✢ ✢ ✢

在之后的 9 年里，我负责指挥骑兵，[随后] 成了一个军团的指挥官。

——史家维莱伊乌斯·帕特尔库鲁斯讲述本人军队履历，

《罗马史》，第 2 卷，第 104 章

当一些军事保民官被敌人杀死、军营长官也被包围……许多百夫长负伤、一些前排百夫长牺牲时，普通士兵用他们的勇猛为罗马带来了荣耀……赢得了这场艰难的胜利。

——伊利里亚战役，公元 9 年，维莱伊乌斯·帕特尔库鲁斯，

《罗马史》，第 2 卷，第 112 章

✢ ✢ ✢

关于军队的小事

好的土木工程和壁垒很重要。即使一名军团士兵已经完成了基本的训练，他每周也会花上几个小时精进格斗和挖战壕的技巧。

✛

莱茵哗变期间，军团士兵们把百夫长们解决掉之后，自行安排、执行了放哨、巡逻工作以及军营的日常运行。

✛

罗马的"一步"其实是走两步的距离，算的是一只脚从离地到落地之间的距离。"一千步"就是1罗马里，即1620码。

✛

罗马军队有两种行军速度。"军事速度"指每小时行进4.5罗马里，是在紧急调度时使用的速度。行军速度则允许士兵使用更长、更轻松的步子。

✛

百夫长执行过的许多非凡的任务中包括将使徒保罗带到罗马，以及杀死尼禄皇帝的母亲阿格里皮娜。

✛

晋升为百夫长需要军团长向行省总督推荐，并得到皇帝的批准。

✛

从造帐篷的工匠到测量员的文员，一个军团里至少有20个由专业兵担任的特别职位。

✝ 6 ✝

谁想置你于死地

如果你有可能被某些女人的男人抓住的话，那么任何时候都要善待她们。

✝　✝　✝

在罗马军队服役的一大乐趣来源就是敌人五花八门的打扮。当你习惯了对付赤身裸体从埋伏中跳出来、拿用火烧硬的尖头棍子（可比听上去难对付多了）发动攻击的日耳曼部落民时，可能会随军队转移，对抗的敌人变成密密麻麻的手握骑枪、从头到脚全副武装、数以百计像雷霆般冲锋而来的帕提亚骑兵。不管面对的是在喀里多尼亚的大雪中浑身涂成蓝色的皮克特人的战车冲锋、在耶路撒冷的小酒馆里一名短剑党（sicarius）的匕首袭击，还是在阿非利加的尘土中随一波密密麻麻的标枪攻击一起冲来的努米底亚骑兵，一名军团士兵对敌人越了解，活下来的概率就越大。没有充分准备的军团士兵在生命的最后时刻可能会遇到以下敌人。

皮克特人——薄雾中的死亡使者

简　介

　　边境以南的不列颠人已经被收服了，如果罗马需要给这个生活在阴沉的天空下的脾气暴躁的民族平均每个人安排比帝国其他地方的人更多军团士兵来镇守（不列颠有 3 个军团驻守，而面积更大、人更多的西班牙只有 1 个）算得上是"收服"的话。去过边境以北的士兵不仅会认识皮克特人，也会认识蓟，一种紫蓝色、多刺的小植物，不留意的话会被它刺伤。生活在边境以南的人可能不会见到皮克特人，但从一整群羊一夜之间神秘消失也能推断出他们的存在。

✝　✝　✝

　　喀里多尼亚人的红色头发和高大身躯明显说明了他们的日耳曼血统……甚至高卢人也曾在战场上闻名，但是……他们失去了自由，也同时失去了勇气。不列颠那些早已被征服的部落也是如此，剩下的没被征服的部落依然保持着曾经的高卢人那样的勇猛。

——塔西佗，《阿古利可拉传》，第 11 章

✝　✝　✝

　　"皮克特人"是士兵们称呼所有北方不列颠人的俚语。"皮克特"（Pict）一词与"图画"（picture）一词同源，因为皮克特人身

上涂着颜料，而图画也是用颜料绘制而成的。皮克特人除了有很多文身，上战场前还会在身上涂大量靛蓝颜料。他们身上的靛蓝色不但能和头发的红色一起使不常见到这种撞色的敌人感到恶心，而且是一种抗菌剂，可以防止伤口感染。皮克特人当中大部分是喀里多尼亚人，但最近也加入了一些因无法忍受罗马人的统治而来到北方安家的黄头发不列颠人。

对战技巧

皮克特人是一支部落民，不和罗马人作战的时候会忙着内战。在战斗中处于劣势时，他们会退到自己十分擅长防守的山上的堡垒里。除非有大量警觉的哨兵包围这些堡垒，否则清晨前来偷袭

皮克特人又挥舞着武器从喀里多尼亚峡谷的山坡奔驰而下，毫不知情的罗马巡逻队今天不会好过了。

的罗马军团士兵会发现，皮克特人都在夜里溜走了，现在正在洗劫山谷里罗马军团的供给车队呢。

公元1世纪80年代，倒霉的第九军团便碰上了这个"分散后在别处集合"的策略。这个战略效果奇佳，要是罗马骑兵没赶来救援的话，可能整个军团就全军覆没了。第九军团的士兵刚被布狄卡用相似的招数重创过，所以蓝色绝对不是他们最喜欢的颜色。

公元84年，罗马人和皮克特人在喀里多尼亚北部的格劳庇乌山展开了一场恶战。罗马人获胜后懊恼地发现，有大约2万敌军消失在了山野中，侦察兵根本找不到他们，更别说让他们回来迎战了。这些人及其后代游荡在外，未被罗马征服。很多搜寻部队看到过皮克特人像幽灵一般从迷雾中现身，而这些搜寻部队后来再被巡逻队发现时都已身首异处了。

✝ ✝ ✝

对于我们这些生活在世界上最遥远的边境、自由边缘的人来说，这个偏远的不列颠的荣耀的避难所至今都保护着我们……所以，让我们这个精力充沛、未被征服的民族从第一次交战就让敌人看看喀里多尼亚的英雄豪杰的本事。

——不列颠领导人卡加库斯在格劳庇乌山之战之前的演说，塔西佗，

《阿古利可拉传》，第30章及其后

✝ ✝ ✝

总　结

你可能会觉得，一群在战斗时几乎毫无纪律和配合、使用的武器也只有矛和粗制滥造的盾牌（尽管有地位的战士配有剑，甚至还有进口的或抢劫来的盔甲）的对手算不上什么威胁。的确，在全副武装的对手面前，皮克特人是能被打败的，比如在格劳庇乌山之战中，罗马只派出辅助军就把他们拿下了。但他们的游击战极其凶猛，甚至有人提议从北方直接撤退，建一道横跨不列颠岛的长城，然后假装喀里多尼亚不存在。罗马军团已经撤走了在英赫图梯的北方堡垒的卫戍部队，辅助军的基地之后也很快被舍弃了。

笔　记

1. 看不见他们时不代表他们不在附近。

2. 当你看到他们的时候，可能为时已晚了。

3. 要征服皮克特人很简单，但要让他们明白自己已被征服这件事是显然不可能的。

4. 除了皮克特人，你的敌人还有浓雾、漫长潮湿的寒冬，以及束腰外衣上和脚缝里的霉菌。

日耳曼人——条顿式暴怒

✝ ✝ ✝

日耳曼人无比凶残，又带着一些狡猾，这对于没接触过这些天生的骗子的人来说是很不可思议的……

——维莱伊乌斯·帕特尔库鲁斯，《罗马史》，第 2 卷，第 118 章

✝ ✝ ✝

简　介

如果你问一个从莱茵兰来的老军团士兵（比如一名来自第二十二初创军团的老兵）和日耳曼人打仗是什么感觉，他可能会先叹一口气，然后耐心地问你："哪支日耳曼人？"显然，对于行家来说，虽然日耳曼人都牛高马大、毛发浓密、生性凶残，但彼此各不相同。一些日耳曼人，比如说弗里斯兰人、切鲁西人或者卡蒂人可能不怎么喜欢罗马人，但在和罗马人勉强相处了一个多世纪后，多多少少罗马化了一些。这些部落民仍然喜欢大口痛饮啤酒，但也开始喜欢葡萄酒了，一些日耳曼首领甚至还能对酿造年份有模有样地评论一番呢。

✝ ✝ ✝

……其他的日耳曼部落，我是指切鲁西人、卡蒂人、伽玛布里维人、查图阿里人，还有海边的苏甘布里人、考比人、布鲁克

特里人、辛布里人，还有考奇人、考尔奇人、坎普西阿尼人，以及其他一些。

——斯特拉波，《地理学》，第7卷，第3章

✛ ✛ ✛

一个罕见的神情忧郁的日耳曼士兵。这个人应该相对富有，因为他拿着质量上乘的盾牌，长矛还带铁头。日耳曼人有种令人不安的能力，就是能突然从温和的部落人变成嗜血、满是文身、不停尖叫的噩梦。

这些战士也有几十年对战罗马军团士兵的经验。的确，他们当中最狡猾的首领，比如说阿米尼乌斯和奇维里斯，曾在罗马军团服役，之后把自己的军事才能用来对付自己以前的战友了。他们渐渐明白了，自己盲目的好斗心抵不过一支罗马人准确掷出的重标枪，以及尽管军团士兵能在开阔的地带轻易血洗自己的部落同胞，但自己在茂密、多沼泽的森林（日耳曼的沼泽和森林多得令人懊恼）里是有优势的。一个半罗马化的日耳曼人会有自己的铠甲，还可能擅长用剑。他能用自创的拉丁语脏话骂人，如果感受到自己对面的军团敌人有不满的情绪，甚至会对想叛变的罗马士兵喊出工作邀请。

蛮族人开始采用罗马人的生活方式，习惯了开办集市和召开和平集会。在［罗马的］仔细监督下，他们渐渐不知不觉地忘记了自己的旧习惯。因此，他们并未因生活方式的改变而感到困扰，自己也不知不觉地发生了改变。

——卡西乌斯·狄奥，《历史》，第 56 卷，第 18 章

对战技巧

要想对战最原始的日耳曼战士，你必须向北或向东走。塞姆诺内斯人和夸地人依然近乎赤身裸体地上战场，武器也只有一把令人闻风丧胆的日耳曼战矛（framea）。他们的战略中没有精妙的战术，取而代之的是嗜血的狂暴，人数也弥补了缺乏高级武器这一不足。他们一般采用的战略就是让大量战士排成紧密的楔形方阵，武装得较好的士兵在外层，猛冲罗马战线。显然，你只有切身体验过这种暴力的日耳曼冲锋（furor Teutonicus）才会欣赏这种战术。不过，如果日耳曼人成功冲破了罗马的战线，那罗马士兵可能还没来得及欣赏，就一命呜呼了。

如果冲锋失败，日耳曼人一般不会逗留，等待发起第二次冲锋，而是会和他们意外出现时一样，出其不意地消失在森林中。军团士兵们之后会检查战死的部落民的尸体，可能就会注意到苏维汇人标志性的顶髻，也可能会将法兰克人（Franks）可恶的飞

斧从盾牌上拔出来。如果这是一场突袭的话，就要留意一个全副武装、旁边有个肌肉发达的保镖的男人，他是部落首领，如果突袭失败，他会带领自己手下的人回到森林里。如果他牺牲了，那么他的随从们会奋战到死，因为他们曾经发誓跟他并肩战斗、同生共死，如果他们食言了，回家也不会好过。

如果突袭成功，战死沙场可能是军团士兵最好的归宿。日耳曼人对俘虏不怎么客气，会用混乱且使人痛苦的方式进行活人祭祀。

总 结

好在日耳曼人一般都很懒散，不遵守纪律，不像意大利人那样高效、勤快、训练有素。我们发现，总的来说，日耳曼人不仅喜欢杀罗马人，也同样喜欢窝里斗。罗马军团有好几次通过送一车葡萄酒给一支日耳曼队伍，让他们作为回报去攻击另一支日耳曼队伍，从而化解了原本要落在自己头上的攻击。"分而治之"是罗马的老战术，在莱茵兰地区尤为有效。

笔 记

1. 远离沼泽和森林，换句话说就是远离整个日耳曼地区。

2. 日耳曼人攻击最猛烈的是前 4 分钟。对战日耳曼人的诀窍就是活过前 5 分钟。

3. 如果你能在足够长的时间里避免和日耳曼人交战，那他们就会开始自相残杀。

4. 有的将军假装瞧不起日耳曼士兵，但是一到有机会雇他们当雇佣兵时会第一个跳出来。

犹太人——不对称的抵抗，一种艺术形式

在所有想要置你于死地的敌人中，只有犹太人在失败之后会起诉你。犹太人作为罗马公民其实是有优势的，但他们自己并不这么看。两代人之前，犹地亚成了罗马帝国的一个行省。公元66年，高傲、固执的犹太人为了表示"感激"，发起了叛乱，在伯和仑几乎摧毁了第十二军团，还夺走了该军团的鹰徽。

简 介

尽管未来的皇帝韦斯帕芗平定了叛乱，其儿子提图斯领导的攻城战和劫掠也几乎把耶路撒冷夷为了平地，犹太人却并没有被战败击垮。他们的抵抗有的无视法律，有的则以法律为武器。犹太人有悠久的研究犹太教法规的传统，很多人对自己的或是罗马帝国的法律法规都倒背如流。因此，犹太人经常会派使团向皇帝呈上一章或一段法典的内容作为参考证据，讲述他们遭遇了何种不公正行为，其中有真的也有编的。与此同时，大量活跃的游击队骚扰着乡间的罗马军队。在接下来大概一代人的时间里，肯定还会有一场全面的叛乱。

犹太反叛战士。犹地亚成为罗马行省的一个好处是，你能听懂大部分他们骂你的话。其中"罗马人，滚回家去！"可能是最客气的了。

"利斯提姆"（listim）一词在当时的情况下时常出现。你可以将其理解为政治化的土匪、游击队或恐怖分子。拉比们同时也用这个词形容罗马政府，所以我们唯一能确定的是，这不是什么好词。

罗马军团士兵们所面临的一个大问题便是怎么区分一个犹太人是敌是友，且这个问题不是只在犹地亚才有。在昔兰尼加、亚历山大里亚、塞浦路斯等地还有大量未被征服的犹太人（他们在罗马还有大概5万更守规矩的同胞）。

然而也有像弗拉维乌斯·约瑟夫斯这样的人，本是反叛军首领，后来却和罗马人成了一根绳上的蚂蚱，余生都致力于消除两个文化之间的隔阂。还有另一个支持与罗马人和解的犹太群体，主要是因为共同对付罗马人使犹太人内部更团结了。

✝ ✝ ✝

［犹太人］应该祈祷政府和平，因为若没有对政府动乱的担忧，我们早就把彼此生吞活剥了。

——《密释纳》，第 3 卷，第 2 章

✝ ✝ ✝

反抗类型及技巧

另外，也有像马加比家族这样的犹太人，遵从犹太人悠久的抵御外敌的传统（亚述人、波斯人和塞琉古帝国都和犹太人有过类似的矛盾）。奋锐党是一个派系，将这个传统更进了一步，把武装反抗视为自己的职责。短剑党这个派系则认为奋锐党软弱无能，因为后者的传统不是像他们一样发起实实在在的暗杀、绑架、敲诈勒索，对象不局限于罗马人，还包括对反罗马事业不够热情的犹太人。

✝ ✝ ✝

因为犹太人认为，外国人在他们的城市里安家落户、外国的宗教仪式在这里扎根是不可忍受的。

——卡西乌斯·狄奥，《历史》，第 69 卷，第 12 章

✝ ✝ ✝

总的来说，有这么一群不友好的犹太人，生活是不会变得无聊的。罗马军团在控制群众时有时候会使用训练用的重标枪，但即便使用的是钝头的矛，或有时罗马军人投掷得过于用力，就会有犹太人代表团到行省总督面前抱怨这是"滥用武力"。由于犹太人真的奋起反抗时就像中了邪一样，所以皇帝们不会觉得他们过于敏感并进而忽视他们。比如说曾经有个军团士兵因为掀起了自己的束腰外衣，当众暴露自己的身体，以此羞辱犹太人，就被处决了，而且犹太人是唯一不用向罗马皇帝进献祭品的民族。事实上，在进入耶路撒冷的时候，军团还会把代表帝国形象的标志藏起来，有时候甚至会故意选择在夜间进城。

　　但罗马的忍耐是有限度的。如果罗马军团的供给车队遭到了攻击，那么附近的村庄或者城镇的人就会被清空（可能是被作为奴隶卖掉了），房屋也都会被夷为平地。如果一名犹太女子被土匪 / 恐怖分子 / 某宗教势力的游击队绑架，那根据犹太教教义，她的丈夫必须支付赎金。但如果这个女人不幸落入了罗马人手中，那么丈夫就不必这么做了。毕竟土匪会尊敬女人的贞洁，而罗马人很可能就不会了。

总　结

　　也许是因为犹太人自己有着悠久的历史和传统，所以他们似乎并不欣赏罗马征服者带来的福利。他们的宗教教义使得他们的反抗接近、有时甚至成了恐怖袭击。他们动不动就发起大规模的狂热叛乱，令许多罗马人不禁怀疑是否真的值得让这些不知感激的人从罗马文化中受益。同时，很多犹太人也衷心希望罗马人不要来管他们。

✝ ✝ ✝

只要是这个淫妇坐下来的地方，就有人，有人群，有国家，有议论。你看到的野兽身上有十个角，它们都憎恨这个淫妇，会让她变得不幸，脱掉她的衣服，将她生吞活剥，放火烧死……你看到的这个女人就是那个伟大的城市，她统治着世界的君王。

——犹太人对罗马人的谩骂，《启示录》，第 17 章第 16 节及其后

✝ ✝ ✝

笔 记

1. 一个小镇昨天是安全的，并不代表它今天也是安全的。

2. 很难分辨一个犹太群体是敌是友，但好在犹太人自己也分不清。

3. 如果你非要杀死一个犹太暴徒，那在杀他的时候要完全尊重他敏感的宗教偏好。

4. 可以试试在安息日和犹太宗教狂热分子开战。他们到现在还不知道该怎么应对这种情况呢。

柏柏尔人——繁荣时代的局外人

简　介

如果你以为非洲就是罗马帝国内的一潭死水的话，那你可要大吃一惊了。非洲发展繁荣，罗马行省境内的城市如雨后春笋般拔地而起。罗马行省的边界是一条半防御半管理性质的分界线，将罗马和巴巴里分隔开来。在阿非利加肥沃的海岸平原上，从海格力斯之柱到毛里塔尼亚和努米底亚，一路上都有大量新的道路和堡垒在修建，所以那个时候的非洲军团士兵除了会用剑，还经常使用凿子。

很多当地人都已经习惯了罗马人的生活方式，叫"罗加图斯"和"福尔图纳图斯"这种罗马名字的努米底亚人也不在少数。但你只需要看看一些士兵的墓碑上刻着的"死于蛮族人剑下"就会明白，并不是所有原住民都默默接受了罗马人的占领。

✛　✛　✛

毛里塔尼亚人、努米底亚人以及那个地区的其他民族生性野蛮，永远没有持久的和平。

——瓦莱里乌斯·马克西穆斯，《善言懿行录》，第7卷，第2章，第6节

✛　✛　✛

对战技巧

最后一场对抗罗马统治的叛乱是由塔克法利纳斯领导的，他

于公元前 24 年被罗马人击败，但柏柏尔人也不是无缘无故自称"自由的民族"的。这些边界之外的部落民一直是罗马扩张的阻碍。一名新来的军团士兵要做的第一件事便是了解当地部落的天性和性情。他们是伽拉曼特人、莲花食者、马奇人，还是其他十几个部落之一呢？有些部落的人可能今天还是安静的马上商人，在一场突发的部落政治动乱后，第二天就成了闪电突袭者。

首先，柏柏尔人是一群机动性很高的敌人，都是绝好的骑手。努米底亚人骑马其实是不用马鞍和缰绳的，但依然能轻松控制马匹，还能空出双手做其他事，比如朝敌军投掷利器。柏柏尔人还是游牧民族。每当他们到达自己一直定期前来扎营的绿洲，却发现已经被罗马人占领时，双方常常会产生摩擦。他们自然想拆掉罗马人定居点的建筑，这时，军团士兵就上场了。

一支准确投出的重标枪完全可以让奔跑的马匹瞬间毙命。在知道了这一点后，柏柏尔人便掌握了在重标枪的射程外活动，并向罗马军团投掷自己更轻的武器的方法。吸取了教训的非洲军团学会了使用投石索。虽然罗马军队里的士兵常常看不起投石索，因为这是蛮族的放羊小子才会用的武器，但是它胜在轻便，携带方便，而且脚下就有永远用不完的弹药。投石索不适用于密集队形，但当一小支轻骑兵正在向你投标枪时，把队形散开是一个好的应对方法。

由于柏柏尔人是出色的骑兵，所以罗马军团和辅助军的骑兵就变得十分重要了，帝国的其他地区各军种之间的合作都不如这里的军团迅速。由于柏柏尔人没有爬城墙的工具，所以很多定居点都有自己的小堡垒。喜欢待在室内的军团士兵可以成为一个堡垒的维修专家，并且在堡垒里操纵投石机，弹药主要是橘子般大小的石球。它们比柏柏尔人的任何远程武器的射程都要长，并且当它们砸进柏柏尔人紧密的袭击队，令士兵四散跑开时能造成不小的恐慌。

✝ ✝ ✝

[罗马将军]库里奥跟着敌人……到了开阔的平原。他被努米底亚骑兵包围，失去了他的军队和自己的性命。

——弗朗提努斯，《谋略》，第 2 卷，第 40 章

✝ ✝ ✝

总　结

骆驼从中东被引进北非可能将沙漠里的战争提升到了一个新层次。罗马用骆驼骑兵对战柏柏尔骑兵的确起到了效果，但柏柏尔人迟早也会开始使用骆驼。骆驼这种新的交通工具能允许柏柏尔人更加深入沙漠，它将给这个地区的战事带来怎样的影响还是个未知数。但可以肯定的是，现在的北非人依然会向罗马人呈现两种面孔：一种是和平地接受罗马文化影响的当地部落民；另一种是狂野的突袭者，就像来自沙漠的一阵热风，阻挡着罗马扩张的步伐。

笔 记

1. 柏柏尔人的袭击距离你其实比看起来更近。

2. 对于柏柏尔人来说,向罗马人出售马匹是一种经济战争。

3. 在一个沙漠中的前哨生活是无聊而漫长的,只有偶尔有人突然死亡才会打断这种无聊。

4. 千万不要不带太阳帽和投石索在外走太远。

达契亚人 —— 去看看喀尔巴阡山脉,然后死在那

达契亚人一直很活跃 —— 公元前 500 年的希腊人称他们为盖塔人,早在公元前 2 世纪,他们就和罗马军团交过手了,但以失败告终。然而,在过去约 20 年里,达契亚人是挑衅的一方。他们对潘诺尼亚农场的劫掠已经演变成了小型的侵略战争,现在有好几个军团驻扎在多瑙河沿岸,试图控制他们。第七克劳狄军团、第五马其顿军团和第一意大利军团实在厌烦了抵御达契亚人的入侵。第二十一饕餮军团更是如此,因为它在公元 92 年差点栽在一队萨尔马提亚骑兵手里。萨尔马提亚人是达契亚以东的一个好战的民族,现在和其达契亚邻居狼狈为奸。

简 介

公元 80 年代末的图密善是最后一个有时间和资源来对付达契

穿着鳞甲的萨尔马提亚骑兵，手臂、腿、身体和马匹都被盔甲覆盖。他们的盔甲能抵御投掷武器，但这并不代表他们动作缓慢笨拙。他们一般还有远程作战用的弓箭。

亚人的罗马皇帝。达契亚人在最近一次的劫掠中杀死了行省总督，破坏了大批农田，因此图密善必须采取行动。他派了两个军团去对付达契亚人，结果有好有坏。第五云雀军团前往达契亚展开了惩罚性劫掠，但其将军和大部分士兵都有去无回，整个军团不复存在了。随后，第四幸运者弗拉维乌斯军团也去了，赢得了一场苦战，扳回了一局，但损失也不少。尽管如此，达契亚人的威胁也并没有被解除。

达契亚人以前并不是很大的威胁，因为内战几乎是他们的国民运动，内部纷争把他们留在了喀尔巴阡山脉的王国里。可惜他们被一位充满活力且好战的领导人德凯巴鲁斯统一了起来。他是个有远见的君主，和萨尔马提亚人等其他民族结盟，将罗马选为了侵略的主要目标。事态已发展到了必须做出应对的地步，于是罗马召集了军团，由图拉真亲自指挥。

对战技巧

达契亚人的萨尔马提亚盟友是穿着紧身盔甲的骑兵，骑士和马匹都全身大面积被盔甲覆盖着。他们近战时喜欢用长骑枪，但在散兵战时也喜欢派轻骑兵带弓箭上阵。重骑兵最适合做突击队，对付队形稍微散乱的步兵。他们也很可能是和达契亚步兵配合，后者先扰乱敌军阵形，骑兵再冲锋。从帝国的其他地方过来的军团士兵可能见过一种铠甲护臂，在对战达契亚人时有时会选择将其作为额外保护戴着。这种护臂可能在潘诺尼亚得到了升级，成了抵御达契亚镰刀的额外防护。达契亚镰刀是一种重型钩镰，有些达契亚战士在战斗中双手挥舞它。

对付这些使用镰刀的达契亚人需要一些额外的练习，他们的队伍中也有相当一部分人使用的是剑、矛这种更常见的武器。在和达契亚人对战的时候，除了要避免被这些武器要了小命，还要注意有一小部分达契亚人喜欢使用的重型棍棒和战斧（但要注意，很多战士还会带上弓箭）。在防御方面，达契亚人喜欢使用颜色鲜艳的平面椭圆形盾牌。个人防护方面他们喜欢鳞甲和环锁甲，有些环锁甲是达契亚人从罗马辅助军士兵的尸体上扒下来的，反正后者也用不上了。

总　结

从图拉真集合 10 个军团来对付达契亚人，就能反映出后者对东北的行省构成了多大威胁，又给驻扎在默西亚和潘诺尼亚的卫戍部队造成了多大压力。任何报名参加这场战役的人都将面临激烈的恶战，迎接他们的将会是死亡或荣耀（也有可能二者都有）。同时也要注意，在多瑙河的另一边，正有成千上万的士兵怀着同样视死如归的心情聚集在达契亚特色鲜明的龙旗下。

笔　记

1. 达契亚人数多得可怕。

2. 他们都是凶残的战士，摧毁罗马军团不在话下。

3. 指挥得当，武装到位，供给良好，并且斗志昂扬。

4. 有精良的盔甲和防御工事，他们了如指掌的喀尔巴阡山脉也非常适合防守。

5. 人数真的很多。

目光敏锐的读者可能已经发现，第一条和最后一条好像说的是同一件事，但第一条仅仅指达契亚人，第五条还包括他们的同盟萨莫奈人。

帕提亚人——马背上的战士

✝ ✝ ✝

敌人露出他们的盔甲，头盔和胸甲闪闪发光……钢铁闪烁着耀眼的光芒，他们的马匹也穿戴着青铜和钢质的铠甲。

——普鲁塔克，《克拉苏传》，第 24 章

✝ ✝ ✝

简 介

在公元前 53 年的卡雷之战中，每一个向东行进的罗马军团中都有 2 万士兵被帕提亚人杀害，亡魂永远留在了东方。在这场战争中，罗马不仅失去了成千上万的士兵，还失去了执政官马库

斯·李锡尼乌斯·克拉苏将军（及其儿子）和他们的鹰徽，还有大约 5000 人被俘，其中大部分人有去无回。此战以后，再也没有人轻视帕提亚。他们不仅在军事上勇猛无比，似乎还能用邪恶的咒语诅咒敌军。恺撒在即将发动对帕提亚的战争时被刺杀，马克·安东尼倒是对帕提亚发动了战争，但部队元气大伤，夹着尾巴回来了，不久后在内战中输给了其对手，即后来的皇帝奥古斯都。

面对罗马的侵略，帕提亚人也以几次入侵回敬了罗马，其中规模最大的是对叙利亚和犹地亚的大型劫掠，罗马人费了九牛二虎之力才将其赶出去。在最近几十年里，作为东西帝国边界的幼发拉底河两岸暂时处于和平之中，而这种和平并不稳定，随时有崩溃的可能。但是，从罗马帕拉丁山的皇宫中传出的流言称，如果与达契亚的战事进展顺利的话，帕提亚就是皇帝的下一个军事目标。

帕提亚是一个大帝国，首都泰西封靠近巴比伦古城，是一块连接喜马拉雅山麓丘陵的内陆地带。这里地形多变且大多崎岖，孕育了多样化的、粗犷的战士。那些相信"东方是颓废的"这类谣言的士兵初来乍到时都会为此感到惊讶。

✝ ✝ ✝

然后敌人就开始动手了。他们的轻骑兵包围了罗马军队的侧翼，射箭攻击，前排身穿环锁甲的骑兵挥舞着长矛，将罗马人逼进了一个狭窄的空间，但也有人不顾一切地冲向敌人，试图以此逃过死于箭下的命运，但他们身受重伤，大多很快死去了。帕提亚人的钢制刺矛分量很重，本来是用来刺马的，因此有足够大的动量能够同时刺穿两个人。

——普鲁塔克，《克拉苏传》，第 27 章

✝ ✝ ✝

对战技巧

抱着这种天真想法的人活不过帕提亚人的第一次冲锋，这是一条通则。帕提亚军队是由封建家族领导的，贵族武士带头冲锋陷阵。这些贵族都是出色的骑士，因为他们几乎一辈子生活在马背上。他们骑的一般是土库曼马，这个品种以个头大、耐力好著称。

全覆装甲骑兵

帕提亚人拥有罗马的其他敌人没有的多种骑兵。他们有全覆装甲骑兵，即一种超级重装骑兵，骑手从头到脚武装，马匹也身披一层环锁甲。旗手们手持长骑枪（kontos）——基本上就是一把接在一根 10 英尺长的棍子上的剑。面对全副武装的他们，倒霉的敌人还没搞清楚该怎么出击就被一枪穿透了。如果被全覆装甲骑兵追赶——他们经常会停下来——一定要注意骑枪尖尖的尾部。骑兵只要竖起骑枪向下一插，就能杀死倒在地上的人。好消息是，有谋略的将军是有办法让一场大型全覆装甲骑兵冲锋停下的，公元前 39 年的托罗斯之战就是成功的例子；坏消息是，当时用了 11 个军团才做到。

帕提亚弓骑兵。著名的
"帕提亚回马箭"使得骑
手能在全速逃离攻击者
的同时发射箭矢，也就
是说，帕提亚人在进攻
和撤退时都能对付你。

除了全覆装甲骑兵，其他的帕提亚重骑兵的铠甲都更轻，所
以机动性更强。骑枪依然是最常用的武器，但即使是在马背上，
一般的帕提亚人也都是很难战胜的剑士。

弓骑兵

如果说全覆装甲骑兵和重骑兵确实比较吓人，那么弓骑兵就
是既恼人又致命。帕提亚人用的是复合反曲弓，也就是说，弦未
绷紧时，弓是反向弯曲的。说它是复合弓是因为它是由动物角和
纤维黏合而成的，比罗马步兵的弓射程要远得多。弓骑兵的马鞍上
挂一个很大的箭袋，里面除了很多箭矢，通常还有一把备用弓。

弓骑兵的绝招之一就是传说中的"帕提亚回马箭"，也就是说他即使是在逃跑的时候，也可以在马背上转身向后射击。帕提亚人一般的策略是先派一群弓骑兵上阵，通过射箭消磨敌军，直到敌方已经被消耗得无法抵挡骑兵的全力冲锋。（弓骑兵的箭袋里也有一把剑，就是为最后这个时刻准备的。）面对帕提亚人，你只有两个同等糟糕的选择：散开队形，让自己不被弓骑兵针对，但这意味着任由稍后冲锋的全覆装甲骑兵宰割，或者保持严密队形，以抵御全覆装甲骑兵，但等于接受弓骑兵的屠杀。

✦ ✦ ✦

每个女孩儿都要了解她自己：找到一个适合自己的仪态，同一种姿势并不适合所有人……还有你，生育女神卢西娜在你的肚子上留下了生孩子的皱纹，你得像敏捷的帕提亚人一样，转过身去。

——奥维德，《爱的艺术》第 3 卷，第 18 章

✦ ✦ ✦

步　兵

最后是帕提亚的征募步兵，他们同样是难对付的战士，但只要军团士兵能杀进他们队伍中去，就能轻易打败他们了。这是因为大部分征募兵和骑兵一样，主要武器也是弓箭。发起进攻的军团成功的窍门就是在抵达他们阵前近战时依然有足够多的人活着，因为只有这样才能做出有效攻击。

关于军队的小事

日耳曼战神提尔很喜欢（战神日的）祭品，奥丁和弗雷也是如此。

✠

有传言说，在北方作战的士兵为了避免风钻进衣服里，在束腰外衣下还穿了裤子。

✠

对于居住在不列颠北部的人，罗马人都统称为"皮克特人"。

✠

克劳狄、韦斯帕芗、塞普蒂米乌斯·塞维鲁、君士坦丁都是亲自去过不列颠的皇帝。

✠

第五云雀军团在公元70年向奇维里斯投降，之后遭遇日耳曼人的埋伏屠杀，活了下来的部队最后被达契亚人一举歼灭了。

✠

达契亚后来变成了罗马尼亚，使用的语言会一直很接近拉丁语。

✠

"达契亚镰刀"（flax）一词最开始就是普通镰刀的意思。达契亚人的镰刀似乎有专门单手或双手使用的样式。

✠

图拉真将会写一本有关自己在达契亚的战役的书，但并没有流传下来。

✠

当罗马人也开始采用全覆装甲骑兵时，士兵们将包裹全身的铠甲称作"烤箱"（climbanarii）。

✠

因为帕提亚弓比罗马弓优越，所以现在大部分罗马辅助军部队使用的都是帕提亚弓。

笔 记

1. 帕提亚步兵弓箭手很不好对付。

2. 对阵步兵弓箭手好过对阵弓骑兵。

3. 对阵弓骑兵好过对阵全覆装甲骑兵。

4.别想等到帕提亚人的箭用完。他们有骆驼专门运送补充的箭。

5.在夏季时，尽量让全覆装甲骑兵一整天都待在战场上。如果你穿着铠甲就已经够热了，可想而知他们比你热得多。

✣7✣
军营生活

备战状态的士兵都通不过检查，能通过检查的士兵都不在备战状态。

✣ ✣ ✣

军营，亲爱的家

军团并不需要为了保持"罗马和平"而一直忙个不停，他们一般只要人在那儿就行了，因此罗马军队只需投入较低的成本就能保持和平。一个驻扎在战略位置的军团可以同时镇住好几个潜在的敌对势力。如果该军团真的要出动对战其中一个敌人，那其他敌人马上会群起而攻之，情况可能会变得非常混乱。然而，罗马军团可以保证，最先挑事的一方一定会被杀个片甲不留，他们的城市只会剩下焦黑的破砖烂瓦，以及一排排用于钉死其居民、现在停满乌鸦的十字架，因此暴乱是很罕见的。公民们和平地待在他们的城市里，军团士兵们也安静地待在自己的军营里，彼此相安无事。

由于军营在几年甚至几十年里都会是军团士兵的家，所以值得我们仔细了解一下。需要注意的第一点是，永久的军团基地并不是堡垒。在营地的建造和选址中，防御都不是主要考虑方面。毕竟这里住着一个军团呢，没有什么人或事能威胁公元 1 世纪的罗马军团，因此他们并不需要任何保护。围墙一是为了阻挡闲杂人等进来，二是为了阻止应该待在军营里的人跑出去。

虽然存在个体的差异，但只要你了解了一个军团，那就相当于了解了所有军团。以下是军营标准规格的简要指南，每个军团士兵都对其了如指掌（主要是通过在敌方领土行军时，每天扎营熟悉起来的）：

- 营地占地大概 55 英亩（20—25 公顷）。有超过 1 个军团的（少数）军营的面积更大——比如莱茵的卡斯特拉维特拉（Castra Vetera，拉丁语意为"老军营"）。
- 围墙形成了一个接近正方形的圆角矩形。
- 矩形的两条长边上各有一个大门。
- 两个大门由"主路"（Via Principalis）相连。
- 主路和营地里的另一条主要道路"将军营路"（Via Praetoria）在营地中间相交成 T 字形。
- 军团的指挥部（principia）位于 T 形路口上方。
- 正门是"将军营门"（Porta Praetoria），在矩形的一条短边上。
- 将军营路连接将军营门和主路。

- 行政区后面有一条小路，通向另一边的后门。

- 这条路叫"第十路"（Via Decumanus），门叫"第十门"（Decumanian Gate）。

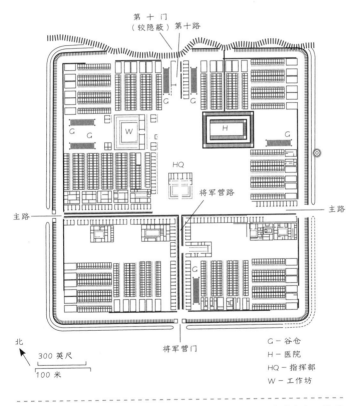

地处珀斯郡的英赫图梯军团基地，公元83—87年间还在建造中。注意留出的可以用作马厩、工作坊或医院的空地，也可以空着当练兵场。英赫图梯的一个特点就是，这里独特的地形导致第十门位置不佳。

131

营房。虽然排列紧密的军团宿舍拥挤得让人无法忍受，但和罗马帝国大城市中的人群密集的地方比起来，这里的活动空间算是很大了。注意后面围墙和塔楼上先进且特殊的开垛口。

指挥部是军营的中心，而指挥部的中心是无顶神庙，军团的鹰旗就存放在这里。指挥部里还包括行政办公的地方，地下通常还有个作为军团金库的地窖（世界上没有比这儿更安全的存放军团养老金的地方了）。军团长不住在指挥部，而是住在将军营（praetorium），通常就是指挥部旁边的一座豪华别墅。军事保民官和军营长官的住宅沿主路而建，普通军团士兵的一排排营房则更靠近围墙。

其实这些营房可以算是军营真正的围墙，因为要想接近营地里其他建筑——工作坊、马厩、浴室、医院等位于中心区域的建筑，就必须先想办法经过这些营房。每个军营里有大约 64 座营房，每座住大约 80 个士兵以及他们的长官。每名军团士兵都会和自己所属的"八人队"（contubernium）中的另外 7 个人变得很亲近，在野外共用一个帐篷，在营房里共用两间约 50 平方英尺的小屋。营房是长条状的建筑，门外是柱廊。每个八人队的两间房通常一间用来睡觉，另一间用作起居室和贮藏室。就古代的住宿条件来说，这还算不错，运气好的话还能有玻璃窗呢。

职　责

仅 100 平方英尺的空间听上去并不够 8 个人同住，但好在一般也不会住满 8 个人。首先，军团很少处于满员状态；其次，有些营地比较宽容，允许士兵偶尔在外面过夜。虽然军团士兵不能结婚，但是很多人和附近城镇的女性保持长期的关系。军团上层也默许了这种事，因为这种关系生下来的孩子大多数也会加入军团。

而且，不光是对于军团士兵，对于所有罗马人来说，私人空间都是一个很陌生的概念。除了睡觉，罗马人很少待在自己房间里。吃饭、洗浴、会面都在公共场所进行，就连上厕所都是一个和朋友聊天、抱怨昨天的晚饭、交换当天的八卦的机会。

营房里的活动空间可能大于建筑师们原先的设计，因为军团的大部分人员都不在营地。由于军团士兵在和平解决行省内的问题上发挥着重要的作用，所以很多士兵都在外地执行任务。被临时调离营地时可能会参与以下行动：

- 在行省内护送从外地来的达官贵人。
- 把守道路的收费亭和检查站。
- 拿着凿子和鹤嘴锄修建或维修道路，挥洒汗水。
- 保护村庄免受强盗和蛮族人的劫掠。
- 在危险路段护送商队。
- 协助城里的修建工作。

在任何军队中，厕所都是休息和闲聊的最佳地点，罗马军队也不例外。注意那块带棍子的海绵，它的作用和后世的厕纸相同。使用前和使用后一定要在桶里彻底洗干净。

· 作为派遣部队前去支援其他军团的战事。

士兵经常外出意味着，军营对于一些人来说是一个不定时返回的基地。请看第三昔兰尼加军团的提图斯·弗拉维乌斯·凯勒尔在公元80年代初的记录。

前去尼亚波利粮仓（公元80年2月）。

返回。

同河流护卫队一起离开（公元81年？月）。

返回。

护送粮食分配官（公元83年6月）。

返回。

军团里有受过专业培训的建筑工人、兽医、文职人员。政府官员在需要补充此类人员的时候一般也会首先从军团里找人。军团长作为一名政客一般很愿意以这种方式交换人情，毕竟人情就是罗马社会生活的流通货币。士兵本人也不介意，因为一般说来，任何摆脱军团体制和例行工作的机会（建筑工作除外）都意味着生活条件的好转。

对于专业兵来说，不管他是医疗员、马夫还是文职人员，军团只是他工作的地方，白天到岗，工作到天黑。偶尔会有军队生活闯入这个平静的日常日程，但军队支配的一切安稳的上层建筑

士兵们往河驳上搬运供给品。不熟悉军团生活的人经常会惊讶于士兵花如此多的时间在搬东西、挖战壕等体力劳动上，真正在战场上杀敌的时间却很少。

保障了他们拥有稳定的工作、规律的三餐、医疗服务和养老金，所以这点麻烦也是值得的。

✦ ✦ ✦

军团里的文书工作都被一丝不苟地对待，比粮食分配官或市政记账的文件都要更加仔细。订单、军事职责、财政等事宜每天都被仔细登记。即使是在和平时期，所有百人队或是八人队的士兵也会轮流在哨兵队、警戒队和看守队执勤。为了避免有人不公平地承担过多的任务，或有人任务太少，轻松蒙混过关，每个人的执勤和任务都有记录，何时请假和请假时长也有记录。

——维盖提乌斯，《论军事》，第 2 卷，第 19 章

╬ ╬ ╬

军团里每月会有大约 3 场远足（ambulatura），每个人都会抛弃日常工作，整个军团，包括骑兵都要按照作战程序集合，从军营出发，行军约 10 罗马里，交替使用常规军事速度和稍慢的速度。骑兵练习护送任务、散兵战和模拟冲锋。完成这段"舒心的散步"之后，军团会和想象中的敌人迅捷地打一仗，摆开战斗阵形，冲锋（为了额外的体能锻炼，通常是向上坡冲锋）再集合。把队形从方形变为横排再变为楔形后，整次练习就完成了，军团便可以返回军营。在军官们的催促下，回程会比来时花更少的时间。

日常工作

醒来、洗脸……刮胡子

军团士兵的一天开始得很早。他们起得比鸡早，天亮之前就得把屋子收拾干净，完成洗漱。

早　饭

用一顿简单的早饭（可能是冷熟肉和奶酪）开启新的一天。会有一名军事保民官警惕地监督食品烹饪制作的过程。他的职责就是保证每个士兵的饮食是符合一定标准的。（有的食品供应方会通过贿赂用低于标准的食物蒙混过关，这不是什么稀罕事，军事保民官的工作就是防止这种情况发生）。

检　阅

集合进行晨间阅兵。这是一天中最重要的事情之一，因为此时会宣布一切重要通知，比如宣读行省总督或者皇帝的信。军营长官会下达今天的命令，并点名。口令也是在这个时候下达，并给被安排离开军营的人分配任务。

日常职责

主要的阅兵结束后，士兵们便解散，开始小的阅兵。这可以是一次特殊集会，比如生病的士兵集合去接受治疗，或违反纪律的士兵接受训话，抑或是接受百夫长布置一天的任务。

站岗　如果轮到你站岗，你得先到百夫长副官面前接受检查，然后就准备接受一上午的比较无聊的工作吧。白天有两次站岗，至于有没有趣就得看在哪里站岗了。在军营里，士兵们有很大一部分时间都花在站岗上了。每个大门、围墙、仓库、粮仓和医务室都有哨兵把守。剩下还有哨兵在指挥部和将军营（在这些地方站岗可风光了！）站岗，其他哨兵跟随军营长官和哨兵指挥官一起巡逻。

杂役 基本就是营地的日常维护，有的是轻活儿，比如扫地或协助仓库工作，也有重活儿，比如在浴室烧火炉，或清扫马厩、厕所。你被分配什么工作、多久做一次都取决于负责的百夫长。通常情况下，聪明的人都会给百夫长一点钱，这样就可以分到较轻的工作。有些人讨厌军事系统中的不公平和不公正，但也有人觉得，只要百夫长不过分压榨就可以接受，这让士兵们能在轻松的生活和一大笔养老金中做出选择。毕竟脏活儿总得有人来做，你给百夫长钱避开这种工作，实际上等于花钱请了一名战友来替你做。

操演和训练 没有人能躲过训练。军团士兵必须在自己的领域技术过硬，而不仅限于基本的剑术和标枪投掷。晨间阅兵过后，百夫长可能会一声令下，派一支小队去训练。

校场训练（Campus） 指在户外的一天，可能会练习行军和战斗阵形，或与另一个小队练习模拟战斗。该小队可能会被带离营地，到较远的有足够空间修建土木工事，并在之后对阵另一支小队的地方。由于所有士兵都应该会游泳，所以也会定期到附近的水域下水。

大厅训练（Basilica） 指在操演大厅或圆形竞技场的一天，具体取决于军营的结构。士兵们会穿着盔甲锻炼，其中可能包括对着他们的老朋友——木桩练习剑术、跑圈、穿着全套盔甲跳战壕，抑或是一些普通练习，比如看士兵们在接到紧急预警后需要花多长时间从仅穿着束腰外衣换上全副武装。

✝ ✝ ✝

即使是在和平时期，士兵也需要进行演练，建立起防御工事抵御不存在的敌人，做一些无意义的劳动浪费体力，所以他们能在需要的时候有强健的体格，做好充分准备。

——塞内卡，《书信集》，第 18 篇，第 6 节

✝ ✝ ✝

晚　餐

当大部分的士兵还在执勤时，其他士兵会开始协助准备晚饭，这是军团士兵一天当中最主要的一顿饭。在有些地方，一天中最好、最让人兴奋的杂役之一便是被安排加入狩猎队，为战友们的餐桌打回鹿、野猪这样的新鲜肉食。

总的来说，军营里的军团士兵算是罗马帝国里吃得比较好的一群人了，而且指挥官会根据大部分士兵的民族提供他们喜欢的食物，比如受意大利人钟爱、但需要长途运输的红酒和辛辣（或对于吃不惯的人来说，臭烘烘）的鱼露。肉、奶酪、面包和啤酒都是军团里的主食。虽然猪肉是最常见的肉类，但具体还是要取决于当地产什么肉。

大人，请给我们指示，告诉我们明天该做什么。我们是该全体带着军旗返回，还是只率一半人员返回？我的战友们已经没有啤酒了。请您下令为我们送来一些。

——来自文多兰达的骑兵十夫长马斯库鲁斯的信件

入睡前

不用放哨的人在晚上的首要工作便是将自己的装备都收拾好，准备好接受另一场冗长检查。军官们就喜欢这样折腾低阶的士兵。因为像餐具这样的东西需要摆放整齐，所以最好是准备两套餐具，一套整齐地放在那，专门应付检查，另一套才真正用来吃饭。晚上也是查看家里人寄来的信件或包裹的好时机，也可以溜达去浴室，或者在上级允许的情况下到军营外找点乐子。

我给你寄了……几双萨图瓦的袜子，两双凉鞋，还有两条内裤……代我向……厄尔庇斯……泰特里库斯和你所有的同餐之友问好。我祈祷你们一切顺利。

——寄给一名佚名士兵的信件，文多兰达木牍，第二部分，第346条

业余时间

不值班的军团士兵大多都在浴室里消磨时间。他们不光在这里洗澡，还能接受按摩，摆脱一天的劳累、舒缓筋骨，也可以和朋友玩骰子、闲聊，喝上一杯比外面的酒馆便宜得多的酒。

军团营地周围不可避免地会出现村庄，以满足军团的需要。这里除了酒馆，也有不断骗走士兵们的钱的不健康场所。一位古代作家曾经说过，一个不值班的士兵需要洗澡、葡萄酒和女人，但这三者的顺序因人而异。由于士兵们挣的钱一般不少，且在一天的劳累过后希望能放松一下，当地的娱乐产业可是费了不少心思为士兵们减轻压力，顺便减少他们的存款。

✣ ✣ ✣

这份送给第五马其顿军团旁边的村庄里的老兵和罗马公民的礼物是由……图奇乌斯·埃里阿努斯……和马库斯·乌尔比乌斯·雷昂提乌斯准备的。

——来自南默西亚的铭文，《拉丁铭文合集》，第3卷，第6166条

✣ ✣ ✣

士兵和平民女性之间的浪漫关系有很多种，有按小时计费的肉体关系，也有除了名分，其他方面与夫妻无异的稳定关系。村子里的活动自然对军人很有吸引力，因为它们都发生在军营外。

然而，军队官方也会开展娱乐活动与其竞争。推测罗马的政治氛围的方法之一就是看皇家政府准备在军队的娱乐上花多少钱，但也有的活动是军团长或行省总督自掏腰包举办的。

军团里的士兵可能会喜欢的娱乐演出有哑剧和戏剧表演（这些表演很受欢迎，尤其是因为他们一般能够免费和女演员们找乐子。不过普通士兵在抱太大希望之前要知道，百夫长们一般会插队）。角斗士表演也有很好的反响，但面对这些在打斗方面颇有鉴赏能力的观众，角斗士们可能会比较紧张。除此之外，军团也可能组织内部娱乐活动，比如各小队间的摔跤比赛或军事游戏。

关于军队的小事

一个军团一年能消耗超过 2000 吨粮食，所以确保每个人都能吃饱饭是一项巨大的后勤工作。

✛

口令每天都会变。这是一个基本的安全预防措施，在紧急情况下——比如遭遇蛮族人夜袭时，军团成员们能通过一个简单的短语确认彼此的身份。

✛

退伍军人经常会在军团旁边的村庄安家，这样能离自己以前的军营近一点。

虽然派遣部队的成员应该是军团里的佼佼者，但有的指挥官经常怀疑，军团的百夫长们派出的都是他们自己想赶走的人，因为这样至少能暂时摆脱他们一会儿。

✛

公元 9 年的条顿堡森林惨败（日耳曼人屠杀了 3 个罗马军团）的原因之一就是，有太多的士兵被派外出执行任务，和主力军同时被敌人轻而易举地歼灭了。

虽然军团士兵有不少业余时间（比如东部永久营地里的士兵们就有时间用闲钱做生意），但大部分士兵渴望的是能让他们感觉自己暂时变回了平民的体验。要满足这点，晚上在军营外度过的几个小时可远远不够，因此士兵们在军营时会拿出最好的表现，以换来一周或两周的年假。虽然一个遵纪守法的士兵有权享受自己的年假，但休假的时间和原因全是军队上级说了算，他们要平衡士兵的休假需求和军团的总体人力，还得考虑到有些士兵可能会直接跑掉，再也不回来了。

✢ ✢ ✢

如果你爱我，那就尽量给我写信，告诉我你的健康状况。如果你在乎我，那就让森普罗尼乌斯带着些亚麻衣服前来……只要指挥官开始批准休假，我会马上去看你。

——士兵尤里乌斯·阿波利那里乌斯给父亲的信，

公元 107 年，密歇根莎草纸集，第 466 条

✢ ✢ ✢

✦ 8 ✦

出　征

我们面对的是高卢军队中的精英，只有千分之一的胜算。但他是个不屈不挠的高卢人。

✦　　✦　　✦

怎样准备

罗马军队不会草率出战，常常主动发起战争（除了恼人的达契亚人总是搞突袭），因此军团士兵们会提前很久就知道战争计划。

第一，花点时间给你的亲人写信，并向你的爱人或村里最喜欢的妓女温柔道别。你并不会马上离开，但在接下来一段时间内也不会有多少多余的时间和精力了。

第二，也是最重要的一点，你要像一只冬眠之前的熊那样大吃特吃。保持好胃口是一件好事：一是因为，你即将以更高的速率消耗食物提供的能量；二是因为，征战途中最保险的摄取能量的来源就是自己腰上的一圈肥膘。不管你信不信，你可以在胖的同时保持健壮。军团士兵应该在出发前努力做到这两点。

第三，军团长和其他军官们会大大提高训练强度。在军团参战之前，指挥官一般会让他们搬出营房，住进帐篷里。明智的指挥官都知道，尤其是对于那些在永久军营待了挺久的士兵来说，最好是让他们在野外待上一两周，在真正的行军开始前先适应一下环境。

这一准备阶段有时太过严苛，以至于真正的战争反而显得更轻松一点。罗马人在公元前 3 世纪晚期对战汉尼拔的战争就是这样一个先例。

✝ ✝ ✝

他（西庇阿·阿非利加努斯）通过重体力劳动训练了自己的军队后才算完成了作战准备。他让军队在附近的平原行军，令其每天都建一个新的军营再拆除。士兵从早到晚要挖足够深的壕沟再填上，建起高墙再推倒，每个活动都在严格的监督下进行……士兵们被分成小组，每组都有特定的任务，有的是挖战壕，有的是建壁垒，还有的是搭帐篷。士兵们的表现会在任务的规定时间内被评估。

——阿庇安，《伊比利亚》，第 86 章

✝ ✝ ✝

科尔布罗在公元 57 年到 58 年将懒散的罗马东方军团磨炼成了一个高效、无情、专杀帕提亚人的杀人机器。所有人都记得他

上　许多蛮族人生前看到的最后景象。军团士兵组成作战队形，敌方视角。

下　龟甲盾阵形可以保护军团士兵不受来自任何方向的投掷武器的伤害。适用于攻城时或在耶路撒冷散步时。

上　一支在野外行进的罗马派遣部队。注意后面的辅助军士兵。辅助军士兵们一般是本地人，所以他可能是整支小队唯一一个认路的人。

次页　这支小队的旗手们举着军旗昂首阔步，显得格外有军人风范。

上　巡逻中的罗马骑兵，他们在空旷的野外发现了一个形单影只的达契亚侦察兵。

下　这名新兵发现，盾牌不只是一件防御装备。

上、中　弩炮手正在准备蝎弩。当时使用的绳索是用头发和牛肌腱拧成的，2000年后复原使用的替代品的韧性都不能与其媲美。

左下　一名军团士兵用练习用剑演示，为什么把剑举过头顶向敌人刺下去是不切实际的。注意暴露的腋窝和肾脏位置。

上、右　这周"只剩下"140 罗马
里要走了……以疏开队形行军的
罗马军团士兵。虽然身上背着五
颜六色的大量装备，但军团士兵
们可以在 30 秒内将它们扔到一旁，
迅速戴上头盔，进入作战状态。

当时的一系列残忍训练，军队要在寒冷的亚美尼亚高原上行军，有些哨兵在站岗时冻死了；士兵必须在冻硬了的地上挖土修建壁垒；一名寻粮队的士兵有次不小心把他抱着的一捆柴火掉到了地上，然后发现他冻伤的双手也一起掉下来了。

第四，要想打胜仗，就得练习挖战壕。战斗演练比较少，算是高强度的挖掘工作中的放松。罗马将军们坚信，錾斧（军团士兵们用的鹤嘴锄）是赢得战争最好的工具。军营周围的战壕要挖10英尺深，百夫长会用量尺测量。不挖战壕的时候，士兵们也会进行其他的练习，比如：

修建防御壁垒。

挖沟，防止骑兵包围军队的两翼。

为攻城器械修建防御工事。

可能还会对军队即将行经的一些道路和桥梁展开工程工作。

（举个例子，皇家工程师阿波罗多洛斯负责修建的一座桥甚至现在还未完成。该桥长度超过1英里，能让罗马军团跨过多瑙河进入达契亚。这座罗马工程的产物存在了几千年，直到最后的遗迹在20世纪因为威胁到船只航行安全而被炸掉。）

最后，动员讲话。礼貌的将军可能会说，当紧张的训练结束时，真正的战争就要开始了。所有士兵都会集合进行一次特殊检阅，听指挥官发表讲话。将军会在讲话中说明战争的原因，对罗马有什么好处，以及胜利后每人会得到多少战利品。如果该将军准备发动一场内战，想要统治帝国的话，那么最后一点就异常重要了，因为这种事需要通过高额的奖励鼓励士兵们参加。

行军途中

战争策略

　　罗马的战役本质上都是带有政治目的的高强度战争。也就是说，罗马军队在战争中的目的并不是争夺一点军事要地，或是通过封锁和制裁手段一点点削弱对方的经济基础。相反，将军们会判断敌人会为了什么奋起反抗——他们的都城一般是万无一失的选择——然后选一条最近的路线向其进发。敌军中途会派出军队，尽可能地半路阻挡势如破竹的罗马军队。罗马军团会将这支军队杀得片甲不留，敌方之后一般会选择投降，或使其都城被罗马军队短暂包围之后攻下。这种凶猛的战术在过去的500年里一直很管用，图拉真皇帝对付达契亚人和帕提亚人的方式（换句话说，攻打这两者的都城萨尔米基盖扎和泰西封）也会有同样的效果。

行军队列

　　军团现在排成了行军队列（详见下文）向战场进发。一出罗马边境，或是在敌军领土内行军且有可能遭遇袭击时，行军队列一般会发生巨大的变化，具体采取哪一种队形取决于敌军的种类。

比如说，如果敌军的骑兵很强，那么军队可能会排成一个空心的方形阵，士兵在外，行李在中间。显然，这种阵形需要足够开阔的场地才能摆开，但骑兵恰好也是在开阔的地方杀伤力最大。

在地形破碎的地方，速度很重要，军队可能会分成几列，分别各自朝目的地行进。这是在假设敌人不够强大，在其他队伍赶来救援之前也无法完全打败一支队伍的前提下。一般说来，军团士兵们在这一方面不如将军那么有信心。

然而，犹太将军约瑟夫斯在《犹太战史》里所描写的才是最常见的行军队列。在罗马军队于公元68年进军耶路撒冷的时候，约瑟夫斯其实是其中的一员。作为一名军人，他对此事是有发言权的。在犹地亚，罗马军队虽身处敌方土地，但地形相对开阔，不过依然可能遭遇埋伏，比如第十二军团于公元66年在伯和仑遭遇的那场灭顶之灾。

侦察部队　罗马军队中由辅助军士兵和弓箭手组成的侦察部队是敌方侦察兵将会最先看到的。辅助军士兵的职责是检查森林和其他敌人有可能埋伏的地点，一旦他们发现了什么，弓箭手会负责掩护他们全速撤退。

掩护部队　侦察部队只需要撤退一小段距离就能与后方由重型步兵和骑兵组成的大型掩护部队会合。掩护部队一般足以以自身的力量抵御大部分埋伏，就算在过大规模的攻击中败下阵来，也能在军队其他兵力赶到之前争取足够的时间。

勘察队　掩护部队的后面有一小队测量员和工人，负责确定军团晚上安营扎寨的地点，并标出该在哪里搭帐篷、挖战壕。

工兵和挖掘工人 接下来，在大部队之前，是一队疲惫不堪、负责修补路面的士兵。他们通常承受着很大的压力，因为必须争分夺秒地在大部队到来之前把路修好。

行李和攻城器械 这是一个军队中最薄弱、敌军最乐于袭击的部分。行李中有战利品，还有罗马人所需的物资。而要是能摧毁攻城器械（并杀了那些知道如何操作这些可恶器械的人）的话，就能大大削弱罗马军队在整场战争中的杀伤力。

将军 攻城器械之后便是将军、他的所有骑兵和军官。如果路上有任何障碍，工兵们就可以亲自向总指挥官解释了。将军的位置差不多是队伍的中间，如果行军的途中出现了任何问题，或遇到敌方活动，他就能快速赶去查看。

军团 从军团士兵的角度来说，好消息是，前面的各种活动意味着军团和辅助军可以在后面慢慢跟着，一般每排 6 人并肩行走，最前面是鹰徽和号手，后面是驮着士兵私人行李和帐篷的骡子。

额外兵力 军团后面是罗马军队带上的同盟部落或是其他补充兵力。

后卫 为了确保不会有乱七八糟的人跟在后面，军队后面还有一支由步兵和骑兵组成的掩护兵力。

在只有一条窄道可以通行的崎岖地形，罗马军队会把队伍拉得又细又长。在极端情况下，一支大型军队的侦察部队和后卫部队之间可能隔了 10 罗马里。由于军队一般计划一天行军至少 20 罗马里，所以这就意味着，当前排距离当晚的营地已经只剩下一半路程的时候，后卫部队可能还没离开先前的营地，但这样的情况很罕见。牛车和攻城器械一般在道路上运输，军团士兵则在旁边的野地行进。虽然听上去很费力，但你会发现，几千人马走过后，这条路其实已经被踏平得很好走了。比起湿漉漉、遍布沼泽的路，结实干燥的路面走起来算得上是一种享受了。

行军军营

罗马军队每天的行军军营不光和前一晚的军营大同小异，和永久军营也没什么两样。它们都有主路，连接着同样的指挥部和将军营，被同样的人守卫，里面住的人也一样。帐篷一般也是参照营房的结构搭建的，布局肯定也和前一晚的相同。因此，如果提图斯·昆克提乌斯的百人队里的曼里乌斯和你鞋号一样，你想找他借一双军靴，那你都不用到处问他的帐篷在哪儿——向上走三排，再横穿两排帐篷就到了，和你们在军营里时互相比对鞋号，以及昨晚你在行军结束后找他喝酒的位置一样。

当然，士兵们在舒舒服服地在营地里安顿下之前，得先把营地建起来。新营地址已被仔细选定，处在平地，有水源，且有适合扎帐篷的土壤。这个地点是否容易防守并不是最重要的，因为在士兵们完成扎营之后，营地不管怎样都会是很安全的。实际上，几乎没有一个完整军团的军营能被攻下，倒是有很多尝试这么做但失败的例子。

✛ ✛ ✛

他们（军团士兵）用盾牌推开搭在围墙上的梯子，并向下投出标枪。那些奋力爬上了壁垒的人都迅速被剑刺死了。

——日耳曼人夜袭罗马军营，塔西佗，《历史》，第 4 卷，第 29 章

✛ ✛ ✛

当军团到达新营地的时候，扎营工作已经开始了。军队里的每个人都知道自己该负责什么，一些人会离队寻找驮着帐篷的骡子，一些人会去到大致的规定位置，准备修建自己负责的那一部分围墙或壁垒。围墙一般是从地上挖土堆成的，但士兵们有时也会被临时要求用石头砌墙。如果土壤格外松散，那壕沟的内壁还需要用圆木加固。扎营一般需要 3 小时，但每个士兵完成自己的分工并不需要这么久。

✛ ✛ ✛

日耳曼骑兵试图用前进的速度从第十门攻进罗马军营。由于那一侧有森林，所以他们直到很接近军营时才被发现——营外围墙下的小贩甚至都没时间从他们的摊位撤回到营里。我们的人没有一点防备，被这场突袭打了个措手不及。前哨大队勉强挡下了第一波进攻。敌军分散到了军营外的其他位置，试图找到一个入口。我

152

在敌方领地建一个家。分段式盔甲的一个好处是它足够轻便、灵活，士兵们能够穿着全套盔甲修建营地。在扎营工作顺利结束后清理盔甲还能让他们忘记一天的烦恼。反正官方说法是这样的。

们的士兵们艰难地守着大门，其他位置的防御工事抵挡了袭击者。

——恺撒，《高卢战记》，第6卷，第37章

✛　✛　✛

你会听到很多人暴躁地抱怨，扎营浪费了太多力气，但军队做的事一般都是有理由的，尽管这些理由有时候有些无理，或至少常人难以理解。军队的逻辑如下：

- 考虑到行军队列的长度，很多士兵在等待后面的战友到来时会站着没事干，所以还不如让他们发挥点作用。

- 罗马军团的营地在自己的领地内每周向自己靠近100罗马里，这对敌方来说是很大的心理压力，也主要是因为，就算这次入侵并不意味着征服，罗马工兵们也会花些时间将各营地之间的道路修修补补。军营仿佛在说："我们到了，而且你拿我们没办法。"道路补充道："而且就算我们不打算留在这里，但鉴于我们做了一点修补，下次就能更快地过来了。"

- 除此之外，这对士兵们自己当然也是有影响的。军营就是他们在外地的家，外面可能是传来阵阵嚎叫的荒野，居住着嗜血的蛮族人，但你的同餐伙伴们在第十路上的马厩旁偷偷设的临时酒馆还在那个位置，第十二瞭望塔里的守卫仍然会在有人来查岗时故意将铠甲弄出声响，警告下面的人。厕所现在变成了露天的，但你最喜欢的角落位置还在。

- 壁垒和壕沟不仅能将敌人挡在外面，也能把军团士兵困在里面。军队里一直存在叛逃的问题。一想到在战场上有可能会有长剑深深刺入自己的身体，仔细考虑过的人一般都会想离开。

行军住所

士兵们的家现在是用涂油革（一般用小牛皮或山羊皮）制成

的帐篷（papilio），每顶睡 8 人。睡 8 人其实有点挤，这意味着装备要堆放在帐篷外，再拿盾牌套着皮质护罩盖在上面，简单遮挡一下。一进入军营，你会发现地面有多么的潮湿。地面越是泥泞，帐篷就越矮，侧面的斜度也越陡，因为士兵们会把帐篷的侧面往里面折叠，用于挡泥，这样睡觉时头就不用枕着湿漉漉的地面了。另外，帐篷越矮，里面的空间就越小，在有点冷的春季或秋季，8 个人的体温能更快地让帐篷里暖和起来。当然，天气炎热的时候可以把前面的翻门打开成一个能让凉风吹进来的角度。

帐篷有一个非常重要的设计，那就是支索不会离帐篷的主体太远。每个士兵很快就会记住两者之间的具体距离，因此能在回到自己帐篷的路上不被绊倒。他们对于百夫长们的帐篷比一般士兵的帐篷更大、更豪华一事也见怪不怪了。

军粮配给

行军军营和永久性军营最大的区别之一就是缺少厨具，而敌方也面临着同样的后勤问题。尽管罗马军团本身可能是无敌的，但它的补给线路可不是。没有哪个军队能在士兵饿着肚子的时候拿出最好的表现。

＋　＋　＋

他的作战方式是打击敌人的胃。

——普鲁塔克，《卢库鲁斯传》，第 11 章

有些人……说他们不害怕敌人，而是害怕路太窄，森林太广阔，以至于补给跟不上。

——恺撒，《高卢战记》，第 1 卷，第 39 章

+ + +

军团士兵会在背包里放上一周的食物，以防埋伏的敌人成功

军团士兵们不见外地收割敌方领土上的粮食。在马其顿战役中，军团洗劫了大量的谷物，以至于马其顿突击队试图放火烧罗马营地，因为他们觉得稻秆和谷壳一定堆了齐膝高。

劫持军团的物资。硬饼这种可怕的食物除外——军团士兵可能宁愿把自己的靴子和盾牌护罩吃了也不愿意吃它。

在外，每个八人队得自己解决餐食。食物来源主要有两个：

从军中领取 行军在外的罗马军队最大的特点之一可能就是会花很多工夫确保军队在行进途中有足够的食物供给。

- **粮食储备** 负责的将军会保证，在第一个军团士兵迈出行省边界、踏上敌方领土之前，军队中已经准备好了充足的粮食和肉，满足他一路的饮食所需。

- **行军中的食物** 有哲思的军需官会告诉你，生命真正的意义就是保持肉的新鲜，因此他可能会在军团后方添上一群牛。牛群是可以自己行走、无须额外人手搬运的食物供给，保证新鲜，还能方便地为军队提供生牛皮、肌腱和胶合物。

- **打包好的餐食** 军团主要给士兵们提供谷物和腌肉。谷物由各个八人队的骡子驮来的磨子手工研磨，可以烘焙成粗制饼类，或煮成类似稠粥的食物。如果部队比较懒，或忙得没有多余的精力仔细煮饭，那就可能会直接将谷物煮熟吃。

寻粮队 这样的饮食很快就会变得很单调，而每天大量的行军和挖掘工作肯定会刺激人的胃口。因此，新鲜的牛肉、猪肉或羊肉，或者是意外发现的一些蔬菜都非常受欢迎。这些食物来自军队行经的土地。

　　一般的军团士兵只有在攻城时或在一场严密策划的军事行动中才会看到敌军，因为除了势均力敌的军队，一般的地方部队面对罗马军队是毫无还手之力的。行军路上的村民们会把他们的妻儿和牲畜都带到尽可能远离罗马军团的地方。

+ + +

没有什么比食物短缺更让我们的军队难受了。

——塔西佗，《历史》，第4卷，第35章

+ + +

　　所以这就是辅助军发挥作用的时候了。很多辅助军士兵是寻粮队的成员，负责找出村民们把牲畜藏在了哪里，然后带回军营，给大家提供新鲜的肉类。行军队列中的其他人则分散开来，洗劫果园和农场，为大家带回新鲜的水果和蔬菜。

战利品

　　夏天和早秋被称为"作战季"的原因之一就是，此时郊外的田野上有足够的食物，可以保证作战中的军队的饮食供给。至于在这些土地上种植农作物、饲养牲畜的人们需要这些食物过冬就不在一般士兵的考虑范围内了。

不过，由于认识到一支军队穿过自己的地域会造成大量人力和经济损失，因此罗马的邻国们会尽可能地维持和平。达契亚人和帕提亚人像罗马人蹂躏别人的土地那样蹂躏了默西亚、潘诺尼亚和叙利亚行省的中心地带，因此罗马军团士兵和辅助军士兵对他们格外痛恨。

现在是军团骑兵和辅助军骑兵展现其价值的时候了。供给车队和寻粮队都很容易被突袭和埋伏，毕竟当地人肯定不喜欢自己的土地被摧残。（不过有时候，当地的领主在战争一开始就会亲自毁了那块地方，因为既然早晚会被罗马人毁掉，那还不如先下手为强，断了罗马的补给）。

骑兵总是忙着护送供给车队，又要保护四散的寻粮队免遭突袭，还要进行通常的侦察工作，支援后卫部队和先行部队。骑兵一般会安慰自己，在攻城的时候基本不用做什么，只须坐在一旁看军团士兵们在敌方城墙上撞得鼻青脸肿就行了。不过在人手缺乏的时候，骑兵也得下马加入攻城的队伍。

关于军队的小事

一个行军中的军团每天会消耗1.8万磅粮食，1.2万加仑①水，还有4万磅搜刮来的马、牛和驮畜。

✦

军团每天需要两支牛队轮流驮运，将1000磅的货物运送20罗马里。

✦

因为每个百人队中每天会有2个八人队执勤放哨，所以需要轻装上阵的百人队只需要带8个帐篷就够了，不用带10个。

用牛当驮畜最大的问题是，牛每天大约要花6个小时进食。

✦

为了进一步阻止敌人袭击，罗马人会在营地周围的地上挖一些小洞，再把洞口盖住，陷阱底部插着尖锐的铁棍（罗马人称之为"百合花"）。

✦

有时候，为了杀鸡儆猴，罗马人会把行军营地建在被摧毁的村庄废墟上。

---

① 1加仑 = 4.546 升。

✛ 9 ✛

攻城指南

如果你让别人很难进城，那你自己也没法出城。

✛   ✛   ✛

罗马军团最后会逼到敌方都城，或者途中的另一个大城市脚下。军团士兵们对于攻城战的看法一般很矛盾。一方面，攻打一个富裕的大城市会大大增加自己的养老金；可另一方面，攻打都城的风险极大，自己很有可能最后根本没机会花养老金了。围城一般并不是漫长的无聊时光，能让士兵们在等待期间读信回信、提高自己玩骰子的技巧，同时希望敌方会在罗马人因染上痢疾而放弃攻城（即使是十分小心谨慎的罗马军队也有把厕所和水井安排得太近的糟糕习惯）之前因饥饿而投降。

相反，因为大部分罗马将军都抱着速战速决的态度，所以攻城战一般是件危险、棘手又充满不确定性的事（如果指挥官能力不够的话，还会让你送命），但整个过程最多不超过几周。还记得，奥古斯都在一次攻城战中赔上了自己的孙子，皇帝韦斯帕芗的儿子提图斯也看着自己的副官在身旁被杀。如果这些显赫人物都命悬一线，那么普通军团士兵的生还概率有多大就不难想象了。

† † †

敌方将军对伟大的罗马将军马略说：如果你是如此出色的将领，那为何不出来对战？

马略：如果你觉得自己还有点本事的话，那为何不逼我出来和你对战？

——普鲁塔克，《马略传》，第 33 章

† † †

拿下一座城市可不像拿下一块蛮族人的营地那么简单。虽然这些营地一般处在难以接近的危险地带，但对于任何一个有一定规模的罗马军队来说，拿下它们还是很简单的。步骤一般如下：

1. 使用军团的投石器猛击营地的木栅栏。
2. 组装一些梯子。
3. 发出一声有力的战吼，然后冲锋。
4. 打一场简短的、相对简单的仗。
5. 清理敌军尸体，开始劫掠。

坏消息是，这些营地里的食物只有猪和鸭，蛮族的女人们还总是在让人意想不到的地方藏着匕首，而且用起来一点也不胆怯。

遗憾的是，袭击一个城市可就没这么简单了。达契亚、波斯和希腊城市都有严密的防御工事，而犹地亚的守城兵们每次都会奋起反抗。这些人都是应对攻城战的专家——帕提亚人是跟犹太人学的，犹太人是跟希腊人学的，希腊人是跟腓尼基人学的，腓尼基人又是跟亚述人学的。在这样的情形下，最令人沮丧的莫过于指挥官的一句"我们要不惜任何代价攻下那座城墙"，因为这些"代价"就是士兵们自己的命。

前期准备

谈判和恐吓

将军们会自私地优先考虑完好无损地拿下一座城池，因为这样拿下的城市无须重建（和移民）就能马上为罗马贡献收入。该城市上缴的任何罚款或赎金都会直接进入指挥官的腰包和罗马国库，而军团士兵们除了之前在行军期间得到的体力锻炼，其他什么都捞不着。很重要的一点是，罗马军队在谈判期间需要让城里的居民们看到不投降的后果，所以在将军议和的同时，他的军团会大张旗鼓地准备作战武器。

修建和挖掘工作

攻城战的前期让士兵们得以从自己的平常工作，也就是长距离负重行军中解脱出来。现在士兵们只需要背着重物短距离行走。在攻城战中，勇气很重要，但工程师和建筑工也同样重要。此时，普通士兵们会放下自己的剑，挥起鐾斧，还会放下盾牌，托起一筐筐泥土和一堆堆木材。

木材用于建造攻城塔、组装重型弩炮、为平时的军营建造防御工事，并在被围的城市外建营地，将其与城墙、壁垒和战壕相连。如果该城在等待援军，那罗马军团会再修一排面向城外的战壕，抵挡敌方援军。攻城设施的建造进度非常快，因为有几千个技术娴熟的建筑工轮班工作（不参加修建工作的士兵负责站岗保护其他人），不到一周就可以修出 5 英里的围墙。

围墙和反制墙

一个优秀的守城方指挥官可能会修建反制墙。这种墙与攻城方修建的围墙垂直，让攻城方更难包围城市。在公元前 49 年的罗马内战中，庞培就用过这种方法来抵挡恺撒的围攻。他令恺撒不得不绕过自己的延伸防御工事，直到恺撒的军队过于分散，让庞培得以轻而易举地突围。

如果计划将围城持续很久，那攻城方指挥官会阻止任何人离开城市——城内需要吃饭的人越多，里面的人就会越快被饥饿打倒。在高卢的阿莱西亚（谢天谢地那时候的高卢人和他们坚实的防御工事都是在罗马一边的），城里只剩身强力壮的人，把其他人都送了出去。当时恺撒已经包围了阿莱西亚，不准这些女人、孩

恺撒在阿莱西亚的包围圈复原图。这就是一个双层包围圈的案例，一层围墙阻止城内的高卢人出逃，外面那层阻挡高卢人的援军进入。有时候，高卢人从里侧和外侧同时发起攻击，壁垒上的士兵几乎是背对背作战。

子和老人穿过他的包围圈。最后，这些可怜的人都死在了两支军队之间。攻城战都是冷酷无情的。

这些围墙不仅能够有效防止城内的人出逃，还能阻止食物被运进城。实际上，军团士兵们甚至还可能被派去给河流改道，让其不再为城里提供水源。

负隅顽抗和缴械投降

经常有城市一看到罗马军团的攻城准备，就很快投降了。一些将军在攻城锤第一次撞上城墙之前都接受城里的人投降，但在那之后，就只能拼个你死我活了（确切来说是守城方死）。快速投降的人会被仁慈对待，而长时间英勇奋战的守城者们最后都会和自己的父母、妻儿、家里养的狗和鸡一起被屠杀。公元前 1 世纪80 年代，苏拉在一场激烈而漫长的攻城战后攻占了雅典，浓稠的鲜血汇成了一条小溪流出了城门。

罗马人的傲慢和顽强在打心理战上很有利。公元 73 年，当军团士兵攻下了犹地亚号称"不可攻破"的马萨达城塞的时候，尽管让里面的人饿到投降其实是更简单的选择，但他们想让世界知道，罗马有这个能力。一名守城士兵曾吹嘘己方有足够吃 10 年的食物，但最后还是投降了，因为罗马攻城士兵轻描淡写地说，他们会告诉元老院，将在第 11 年摧毁这个城市。

如果罗马的祭司决定进行一场"邀请"（evocatio）仪式的话，那谈判内容就会包括该城的神祇。在这个仪式中，神祇将被邀请离开这个即将被毁灭的城市，到罗马定居，但并不是所有的神都会接到这种邀请，有些神是罗马人已经信奉的，所以罗马人希望保持神灵的中立性，又或是有的神的崇拜习俗过于伤风败俗（比如一些叙利亚宗教里的神）或暴力血腥（比如日耳曼人崇拜的神）。将一个新的神引入罗马是一件必须由最高层的人决定的要事，但只有罗马人觉得让神接受"求职面试"不是什么稀奇事。

第一击

弩　炮

种类　如果心理战失败了，那罗马人就要把弩炮拿出来了。每个军团都有自己的弩炮，有一些与蝎弩类似，本质上就是一种增强的弓箭，还有一些是用来投石的，石头弹药有的只有李子大小，有的则能像西瓜一样大，甚至更大。弩炮分两种，即配重式杠杆型和扭力型。从名字就可以知道，前者需要在杠杆的一端配上重物，砸进地面，轻的一端就会飞起来，把物体甩出去；后者使用世界上弹性最强的两种物质——动物的肌腱和女人的头发制成。人们将二者一起编织成粗大的弹簧，能为弓增加巨大的额外蓄力。根据不同的设计，这些弩炮可以用来发射弓箭（一支或多支），也可以用来发射石头。一旦弩炮到位，弩炮手们就会开始准备圆形石头，仔细按照大小和重量分类，堆放在一排排的大炮中间。

作用　攻城弩炮有打击守方士气的一般目的，还有在进攻前肃清城墙上的敌人的具体目的。重型弩炮可以用于集中火力粉碎城垛，让敌方士兵暴露在光秃秃的城墙上。轻型弩炮则针对个人，第一次见识它的人会相当震惊（但考虑到被弩炮攻击的人都原地去世了，所以一般没人有机会见识第二次）。约塔帕的犹太守城者约瑟夫斯记录了这样一幕：一个发射精准的投射物一下子打掉了一个士兵的头，其冲力直接让头颅飞过了城市上空。罗马的火力太过猛烈，最后约塔帕的士兵都没法登上城墙了。

反制——突围 弩炮只有在距离目标城墙 200 码内的位置才会有好的效果。弩炮手们最害怕的就是突围。守兵在一段时间之后可能会实在忍无可忍，然后拿着一罐罐燃烧的沥青涌出城门，带着熊熊怒火，想要好好收拾收拾折磨他们的罗马人。这样的袭击一般发生得非常突然，攻城者稍有不慎，他们的弩炮就会瞬间变成一堆堆篝火。

反制——投石索 守城方必然也会想办法从城墙后发起反攻。投石手们在战场上很脆弱，但在攻城战中能够大显身手。他们使用的鸡蛋形状的铅制弹丸甚至能伤到穿盔甲的士兵，而如果直接打到身体上的话会陷入皮肉，且外面的肉会闭合，因此把它们取出来时可不是闹着玩的。投石手们深知这一点，他们的弹丸上有时甚至会刻有可恨的留言，比如这些弹丸瞄准的是敌人的哪个身体部位。有一次，城中两个叛变的投石手想到了一个向外面攻城的罗马人传递消息的绝佳方法，即将联系内容写在弹丸上，然后在众目睽睽之下发射出去。

反制——火攻 敌方会从城里向外发射火焰箭（一种箭矢，箭头后绑了浸着燃烧的沥青的布条），试图点燃射程内的任何木质攻城器械。虽然火焰箭是朝着器械去的，但如果它射中了人，那么这人也不会好过。作为反击，攻城方可能会将一个个装满被点燃的浸油布条的罐子扔过城墙，希望能让城里烧起大火。守方会升起几面打湿的大船帆，拦截飞进来的火球。攻方则会用湿牛皮把脆弱的攻城车盖起来，防止着火。

挖地道

作用　与此同时，地下可能进行着另一场更险恶的战争。同挖地道一比，攻城战中的其他所有任务就都显得很舒适了。这部

投石手观察潜在的目标。虽然投石手们更喜欢使用重量均匀且致命的专用弹丸，但也可以使用任何形状合适的碎石。在攻城期间，他们手头往往有很多碎石。被铅制弹丸击中的受害者将其从自己的肉里挖出来时还能发现上面有一小句留言。

最右边就是一个例子，上面写的是希望对方倒大霉。

辅助军把一个达契亚城镇烧成了平地。这种彻底毁灭一座城市的行为可能
是对于某场游击战的报复，也可能仅仅是为了促使当地人离开他们防御性
极强的山地位置，搬去不怎么安全但环境宜人的山谷里。在那里，他们可
以受到"罗马和平"的"保护"。

分的目的是在敌人的墙下挖地道，地道到位后，城墙的地基就被
架空了，仅用木棍支撑代替。最后，工兵用火点燃这些支撑着城
墙的木棍，在主力军在地面上进发时撤出地道。顺利的话，此时
挤满了守军的城墙会轰然倒塌，之后到来的突击部队就能越过断
壁残垣，攻进城市。

反制——人员反制　不顺利的话，敌军会发觉攻城方正在

挖地道。判断的方法之一是用一种形状特殊的铜制盾牌敲击墙角的地面，如果有一种尖锐的轻响，那就意味着地底下已经不像以前那样结实了。知道了攻城方的人在地下的大致位置后，他们就会开始挖对抗地道。攻方的坑道工兵在狭窄、黑暗的隧道里不但一直都处在隧道坍塌和窒息的风险中，有时候还可能会和全副武装的敌人在地下交锋。一些有备而来的守城士兵不会亲自下到隧道里。举个例子，他们可能会往洞里扔一只狂暴的熊，或者几个马蜂窝，也可能会往隧道里灌满油烟，让攻方工兵们来不及逃跑就窒息而死。

反制——弦月墙 就算地道成功挖到了城墙下方，如果敌军发现了地道的存在，并在预计会坍塌的墙体后面再建一面新墙，那么地道也就失去了意义。这种墙是月牙形，因此叫作弦月墙。守军在这上面更方便向穿过原城墙的废墟、满怀希望的攻城队投掷远程武器。在这种情况下，龟甲盾阵形就能派上用场了。经过平日严格的训练，龟甲盾阵形坚固到能承受一辆战车从其上轧过，也能抵挡重型投掷武器。但如果敌人早有准备。向龟甲盾阵泼下燃烧的热油的话，就另当别论了。

器械攻城

攻城锤

在攻击城墙的同时，将军也会尝试用攻城锤撞倒城门。攻城锤很笨重，还需要能承受住从很高处落下来的重物的冲力。

反制 当看到有攻城锤靠近时，守方会降下保护衬垫护住城门或城墙上将被攻击的部分，还会试着用套索把攻城锤的撞木吊起来。跑到攻城锤的保护外移除以上这些障碍物对于军团士兵来说完全是自杀式任务。

✦ ✦ ✦

攻城锤是一根像船桅似的大木梁，前端有一个巨大的铁块，被雕刻成公羊（ram）头的形状，因此攻城锤（battering ram）的字面意思实际上是"撞羊"。撞木中部有一根绳子绕过其下方将其吊起，让其像一根秤杆一样悬在空中。撞木两侧装有交叉的结实木头，起支撑作用。使用时，多人齐力将撞木往后拉，然后用力将其向前挥。撞木的铁头以无可抵挡的力撞上城墙时会发出巨大的声响。

——约瑟夫斯，《犹太战史》，第 7 卷，第 19 章

✦ ✦ ✦

攻城土堆

如果攻城锤和挖地道都失败了，那么将军可能会转而尝试攻城土堆。攻城土堆基本上就是一个沿着敌军城墙堆起的大斜坡（倒霉的负责修建土堆的士兵在工作时，城中的敌人会朝他们射箭、扔下巨石，以及包括一整个喷泉池在内的任何能阻挠他们的修建进度的东西）。一个理想的攻城土堆由横竖交替排列的圆木构成，其间所有的空隙由泥土填满。圆木能防止泥土滑落，泥土则能防止木材被敌人轻易点燃（木材在攻城战中极其重要，以至于约瑟夫斯曾记载道，耶路撒冷攻城战结束后，方圆18英里已经没有一棵树了）。

反制 对付攻城土堆的窍门就是毁坏它的底部，其顶部堆上了多少建材，就以同样的速度从底下抽出多少。如果攻城土堆紧贴城墙，那可以在墙上开个窗口，从这里抽出土坡的泥土和圆木。有时候，在下面挖地道的守军会等到某个天真的将军把投石器放上土坡，或派工程队走上土坡时让他们随土坡一起坍塌。攻城战的一条基本原则就是，没有最卑鄙的计谋，因为每个计谋都有（有时甚至是更卑鄙的）对策。

✜　✜　✜

但这座城市早就备好了战争可能需要的一切物资。没有木质的防护栅栏扛得住大规模弩炮攻击的火力。他们巨大的攻城器械发射出12英尺长的带铁头的弩箭，而这些攻城器械外围着4层栅栏，在地面上十分稳固。最后，守方不得不把木材绑成直径 1 英尺的一捆捆，用于掩护防御措施，挖战壕的人才能在其下传递建材。这些工程的前面有一个棚屋，外面盖着一切能为其抵挡敌人的火焰箭和石头的攻击的防护……守方偶尔冲出来突袭，试图点燃我们的攻城土堆和攻城塔。

——公元前 49 年，罗马围攻希腊城市马萨利亚，恺撒，

《内战记》，第 2 卷，第 2 章

✝ ✝ ✝

军团士兵进攻城墙

不管进攻方的军队规模有多大，到了关键时候，攻城的成败就取决于第一个翻过城墙的士兵和城里整支守城军队之间的对决了。该士兵默认会被授予壁形金冠——但他的战友们若不能迅速跟上的话，他就只能在死后享受这项荣誉了。士兵们通常会用以下两种方式之一登上城墙。

梯　子

每个士兵都明白一个令人沮丧的事实，那就是如果敌军特别顽固，或将军极度缺乏耐心的话，他们会被要求登上城墙。城墙上方全是等你来送死的敌军，不用仔细想就知道用攻城梯爬上去

会有多危险了，所以大多数士兵们选择根本不去想。

在试图集体翻过敌方城墙时，有两点很重要——基本三角学和 12∶10 规则。三角学用于计算墙的高度（通过墙的阴影长度来计算——但如果建造者足够善解人意，用的是形状规则的石块，那么直接数石块就能算出了）。一旦确定了墙的高度，就可以用 12∶10 法则来计算梯子所需的长度了——梯子长度和城墙高度的比例应是 12∶10，这一点很重要。如果梯子短了 6 英尺，那明显是没用的，但过长的梯子则更糟。理想的梯子应该停在敌方城墙顶端下方约 1 英尺处。再高一点的话，故军就能一下子把梯子推倒（他们有时候会拿一根专用的长叉棍），十几个军团士兵就会随着一声巨响稀里哗啦地摔下去了。

同时不要忘了，全套的作战装备是很沉的。如果梯子过长，且与地面的夹角小于 80 度，那么当士兵们爬上去后，很可能会从中间折断，又会跟随一声巨响。

✤ ✤ ✤

前排前进，满怀信心地开始爬上梯子，但这是一个危险的过程，倒不是因为故军人数众多，而是因为城墙很高。当他们意识到这个困难时，墙上的敌人更加自信了。因为梯子必须足够长，所以很多因承受不住士兵的重量而断掉了。没掉下去的人由于梯子过高，爬得也不怎么顺利，被故军轻而易举地打下去了。守军发现了一个窍门，就是从垛墙上扔下圆木或者其他相似的物品。

圆木顺着梯子滚下去，把在上面攀爬的士兵尽数扫了下去，但罗马人发起的激烈攻势并没有因此放缓。

——公元前 209 年，罗马进攻西班牙的新迦太基城墙，波利比乌斯，

《历史》，第 10 卷，第 13 章

✛ ✛ ✛

罗马士兵攀爬萨尔米基盖扎城墙。随着达契亚战争进行到了白热化的程度，军团士兵和辅助军士兵一同试图翻越敌军都城的城墙。守方十分清楚罗马人成功后他们将面临的后果，因此做好了把他们扔出去的准备。

攻城塔

虽然攀登城墙成功的希望渺茫，但好在还有攻城塔可以依靠。这些庞然大物有 6 层楼高，就像一栋装满武器的大楼，直逼敌军城墙。这栋"大楼"上层的"居民"是大量弩炮、弓箭手和投石手，负责确保当地面上的军团士兵将攻城塔推到城墙前、登上阶梯的时候，城墙上的敌人都已被打死了。

攻城塔必须要能扛得住喷射过来的燃烧的热油、飞来的火焰箭，以及时不时由投石器发射的石块（工兵阿波罗多洛斯提议使用腌渍过的牛肠作为灭火设备的管子，在攻城塔内使用）。但如果狡猾的守城者引来喷水池的水，让城墙前的地面变成一片湿漉漉的沼泽地，或者自己在城墙下挖一段地道，让几码之外的攻城塔随着塌陷的一方城墙一起倾倒，那攻城方之前的那些准备也就都付之东流了。

将军可以防范以上所有情况，但依然可能因忽视了某件简单的事而功亏一篑。公元前 1 世纪 70 年代，本都的国王米特拉达梯围攻基齐库斯，但在一个狂风四起的夜晚，他的征服之梦连同未固定的攻城塔一起被吹倒在地，摔了个粉碎。

攻城战总结

1. 在敌人向你投掷利器或重物的同时，花几天或几周建造攻城设施。

2. 敌人偶尔会突围出城，试图烧毁或破坏你已经修建好的设施。你需要抵挡住这些突袭。

3. 随着进攻口令，你就要冲进如雨的箭矢、石子，以及燃烧的热油中。

4. 爬上梯子，你会见到一群等候多时、迫切想要杀死你的敌人。

5. 经过一系列打斗，沿着各种攻城塔的阶梯下到地面。

6. 挨家挨户地肃清最后的抵抗者，女眷们会朝你的头扔砖头和瓦片（伊庇鲁斯的皮洛士在他的最后一次胜仗中就是这样死在了一块瓦片下）。

7. 注意，不管是有人不小心还是故意纵火，城里此时应该都成了一片火海了，所以你会在燃烧着且不断倒塌的建筑物之间与已经一无所有、视死如归的敌人搏斗。

到了这个时候，这种情况就意味着这座城市已经被攻下了，士兵们也合乎情理地失去了自控能力。在一座城市陷落时，会有许多可怕的事情发生，但聪明的将军会放任士兵们在城中洗劫几个小时，甚至几天，然后才叫他们收手——主要也是因为，即使他提前叫大家收手，估计也没有人会听从。

✝ ✝ ✝

有些人在冲出大门的窄道时被步兵杀死；有些人成功冲出了城门，但又被等候在门外的骑兵大卸八块了。士兵们不是真的喜欢趁火打劫，而是因齐纳布姆［之前发生的屠杀罗马人］事件感到愤怒，再加上攻城不易，需要发泄。老人、妇女、儿童无一幸免。约 4 万人口中，最后活下来的不到 800 人。

——公元前 52 年，罗马人攻陷阿瓦里克，恺撒，《高卢战记》，

第 7 卷，第 28 章

✝ ✝ ✝

关于军队的小事

公元前 82 年，为了打击普莱奈斯特的守城者的士气，苏拉将敌方将军们的头颅插在长杆上，沿攻城战线排开。

✝

当恺撒和其军队被庞培围困时，他们试过制作草饼充饥。

✝

当罗马人在公元前 5 世纪末期围攻法莱里亚时，一名叛变了的学校教师将城里达官贵人的儿子全都送给了罗马人当人质。罗马人在震惊之余，立即放了这些男孩，还把这个老师交给了他们处置，当作惩罚。

✝

本都的国王米特拉达梯于公元前 74 年围攻基齐库斯，但他的围城部队又被罗马人围困了。据说由于失去了物资供应，有些本都士兵不得不开始吃人。

✝

为了防止敌军有时间躲避投掷武器，罗马的攻城工兵们会将投掷武器上色，让它们更难被看见。

✝

在罗马人围攻叙拉古时，希腊发明家阿基米德用了很多别出心裁的装置来折磨罗马人，包括速射弩、能把船击沉的悬臂钩子等。到最后，城墙上哪怕是只出现了一个绳头，都能令军团士兵陷入恐慌。

✝

罗马的敌人，马其顿的腓力五世十分擅长通过挖地道毁坏城墙。有一次，他挖出一堆土，以此告知守城方，他们的城墙下面已经被挖空了，对方就因此投降了。

随后，罗马人就像平时做其他事一样，有条不紊地开始劫掠。城中的所有幸存者会被赶到一起，一半会被当作奴隶卖掉。从城里搜出的战利品先集中放到一起，随后会被公平分发。根据具体情况，军团可能会再花上大约一周的时间夷平城墙，并毁掉所有被遗漏的一砖一瓦，然后军队才会离开。人数虽然稍微变少了一点，但大家都有一定收获。

　　✦　✦　✦

他们会杀死遇到的一切生物，谁都无法幸免，但不会在接到命令之前开始劫掠。当罗马人攻下一座城市时，除了人的尸体，你还会看到被砍成两半的狗，还有其他动物破碎的肢体。

——波利比乌斯，《历史》，第 10 卷，第 15 章

　　✦　✦　✦

÷ 10 ÷

作　战

从来都没有误伤一说，攻击你的人自然都是敌人。

÷　　÷　　÷

四阶段指南

所有现役军团士兵最本质的工作就是以下这些事。最后，在几个月或几年的训练之后，军团士兵们终于迎来了他们大展身手的时候——在战场上与敌人正面交锋，把他们大卸八块。这是军团士兵一生中决定性的时刻，如果稍有差错，就可能会变成他人生的最后时刻，但这并不是唯一的原因。参加重要战事是可以告诉孙辈的光荣事迹，也是自己被载入史册的绝好机会。从此以后，每当有人提起那个战场，这个士兵就会竖起耳朵并说："那场战役啊？我记得，我当时就在场。"

第一阶段 —— 杀戮的前奏

侦 察

此时的罗马军团十分看重侦察，所以将军一般在敌军仍距离己方 20 英里或更远时就能知道敌军的位置。罗马随后会派出更多的侦察队，察看两军之间是否有合适的作战地点，以便于将敌人引入战争。指挥官可能会亲自和侦察兵一起前去观察地形，找好位置（实际上，罗马将军克劳狄乌斯·玛尔凯路斯在对战汉尼拔时，就是在侦察途中被杀的）。

准 备

将军也有可能派侦察队去故意挑衅敌军，引起一场小冲突，以此摸清敌军的态度。一旦明确了敌军已下定决心作战，罗马军队内部就会讨论敌军可能会设伏的地点，以及己方发起埋伏的可能性。指挥官的营帐里会有信使、下级军官和百夫长不停进进出出，他们在接下来的战斗中可能会扮演极其重要的角色。医疗员会备好大量的绷带，并开始打磨一些看上去奇奇怪怪的工具——每个军团士兵都祈祷自己永远不用知道它们的功能。

择 时

这种紧张的气氛有时会持续好几天，敌对双方会在彼此的视野范围内安营扎寨，一方的军队也许会在另一方还在营地内时开

图拉真为军队做动员讲话。皇帝身着标志性的罗马将军即将上战场时穿的红色斗篷。旗手特别关注他的讲话内容，因为在接下来的战斗中，旗手在维持士兵的队形和士气方面将扮演尤其重要的角色。

出军营，摆开作战阵形。这样的拖延经常会让精神早已紧张到极致的士兵们胡思乱想。是祭祀中出现的征兆不祥吗？是地形对某一方过于有利吗？还是有一方（上天保佑是我方）在等待援军？

每天，恺撒都把部队带到平地，摆开阵形，看庞培是否愿意应战。

——恺撒，《内战记》，第 3 卷，第 55 章

✦ ✦ ✦

每天早晨士兵集合的时候，所有人的目光都集中在将军营上。如果上面飘扬着一面红旗，那么当天将军就会开战，军团士兵们会擦亮铠甲和盾牌，磨好战剑，有序走出军营大门，各就各位。如果看到敌军开始在对面集结，那就做个深呼吸，努力不让自己紧张得把早饭吐出来。漫长的等待终于结束了，但很多人在晚饭之前就会死去。

战场上的演说

当站在队列中等待时，一定要仔细听将军的演说。但如果你能听清他在说什么的话，那可不是什么好兆头。将军演讲是为了鼓舞士气。由于一次大概只有一个军团能够听到他的声音，所以他在战前特别关注的那个军团，一定是在杀戮开始后最需要高昂的士气的军团。

✦ ✦ ✦

现在提图斯相信，士兵们在战斗中的激情主要源于心中的希

望和战前的演讲。激励和各种承诺经常会蒙蔽士兵们的双眼，让他们忽视极端的风险——有时甚至会藐视死亡。所以他召集了军队里最勇敢的士兵，尽全力煽动他们。

——约瑟夫斯，《犹太战史》，第6卷，第1章

✝ ✝ ✝

从军团士兵的角度来说，一名理想的指挥官应该是一个有距离感的人物，隔自己几排远，能看到他骑在马上，偶尔顺着风能听到一两句他的演讲。不过就算你没听清几个字，在他演讲结束时也要记得大声欢呼，让敌人知道你精神饱满，很有得胜的信心。

✝ ✝ ✝

为了激励不同的军团，他相应调整了自己的用词。他将第十四军团称作不列颠征服者；称第十六军团在帮助加尔巴登上帝位时起了带头作用；现在，第二军团会向大家证明，他们值得自己收到的新军旗和鹰徽。他还继续来到卫戍部队面前……军队整体显示出了上升的士气。

——普特里乌斯·凯利阿里斯在对战日耳曼人之前鼓舞军队士气，

塔西佗，《历史》，第5卷，第16章

✝ ✝ ✝

第二阶段——第一击

　　一名军团士兵并不需要理解自己参与的战役，但考虑到己方和敌方的阵形能提供很多信息，告诉你自己有多少活到太阳落山的可能性，所以最好还是了解一下战线的布置。如果辅助军步兵在前排打头阵，那么这是个好兆头。罗马将军一般不喜欢让罗马公民丧命，所以如果情势看起来由辅助军就能单独搞定，那么将军会先派辅助军上阵。记住了，辅助军所谓的"轻装"只是和罗马军团士兵相比，对于一般的蛮族人来说，他们算是重装步兵，武器精良、训练有素，是可怕的对手。

阵　形

　　如果军队摆出长纵深的防御阵形，那等待你的将会是一场恶战。长纵深的队形表示，将军认为步兵大队会面临身体和心理上的双重压力。举个例子，我们可以比较两场与不列颠人的战斗。在罗马人与布狄卡的决定性一战之前，后者还从未输给过罗马人。在这场战斗中，罗马军团在一个防御性较好的上坡地形摆出了长纵深的阵形，让不列颠人在冲锋上前时被这个阵形冲散了。在喀里多尼亚的格劳庇乌山，罗马辅助军信心满满，向山上冲锋，直接击溃了敌人，军团士兵只需在一旁为辅助军出色的战术鼓掌。

散兵战

由于罗马的敌人分布广、种类多，不同的地形和指挥官也会影响作战的方式，所以并没有一种典型的战役，但传统的做法是，双方的轻装部队会先互掷远程武器，同时侧翼的骑兵之间展开散兵战。（罗马指挥官们都很关注骑兵之间的交战——公元前216年的坎尼会战是罗马历史上最大的惨败，在这场战斗中，罗马骑兵被赶出了战场，随后敌方骑兵绕到后方攻击罗马军队，彻底包围了罗马军队。）

箭如雨下

在这些战斗的早期阶段中，士兵们在被从100到150码开外的地方射出的箭矢或其他东西击中之前可能会先看到它们从天上掉下来。弓箭手们并没有试着击中具体某个人，而且只要你将盾牌提到和自己喉咙水平的位置，就不会被箭射死，但暴露在外的四肢还是有可能被伤到。面对远距离的箭矢攻击时一定要把头埋低。低下头来，箭可能会被头盔弹出去，但如果抬着头的话，就有可能被射中眼睛。

骑　兵

如果对方没有和罗马军队交战的经验，那么敌军的首领可能会试图用一次凶猛的骑兵冲锋打散一支步兵大队。几百匹近乎疯狂的战马轰然冲向同一个目标的场面着实可怖。然而，尽管没有

军团士兵对战蛮族部落民。军团的部署取决于敌人和地形，但一名优秀的将军会尝试利用的一点是，蛮族人队形较散，所以肩并肩作战的军团士兵会得到局部优势。

蛮族人按照部落和家族分成小簇

由百夫长带领的突击队

作战经验的士兵们正想着丢盔弃甲逃命，军团老兵却在祈求朱庇特把敌军送到他们手里。骑兵在训练有素的密集队形步兵面前根本毫无胜算，原因很简单，那就是马匹会拒绝继续向前行进。如果士兵们淡定地待在阵中，马匹就会尖叫着在他们面前停下，然后你就会发现，教官之前所保证的，一波精准的重标枪攻击能中断一场骑兵冲锋，确实是真的。

骑兵绕到敌军侧翼

军事保民官关注着
战况发展

5 排密集队形的
军团士兵

待命的后备部队

反 击

　　已经做好完全准备的罗马将军也不会干坐着，被动地接受这些前期的小打小闹。罗马弓箭手可能会击退敌方的弓骑兵和投石手，危险的战场弩炮——蝎弩也会出场。这些凶险的高速弩箭很长，能一口气刺穿敌方穿着华丽铠甲的将领以及他后面的三个人，旨在以此打击敌军士气。看到这样的场景，军团士兵们心里一定会很舒服，但胃里舒不舒服就说不好了。

"战争的巨响"

双方，特别是敌方发出的声响越来越大。蛮族人喜欢吹号。如果这几天在战场上听到了凯尔特铜号的声音，那这声响是来自罗马军队的，但达契亚人也有相似的军号。帕提亚人偏爱一种鼓声悠长的鼓；日耳曼人有自己的纯人声战号，士兵们在号叫时将盾牌放在面前，因此声音在刺耳的同时还听起来更加低沉。除此之外，还有士兵们自己为壮胆而发出的尖叫声。有些部落，比如不列颠的女人们也会发出号叫，为她们的男族人加油打气。罗马士兵面对这一切则保持着冷酷的安静，自信地认为这样会令敌人感到不安。有时会有一名百夫长发出一声尖锐的命令，他之后也有可能因脚趾中了一箭而发出惨叫。（为了保持罗马将领在军队前方指挥的传统，有些百夫长站在最前面，他们在战斗中的死亡率也因此比普通军团士兵高很多。）

✝ ✝ ✝

恺撒的军队里有个叫克拉斯提努斯的志愿者，一年前是第十军团的第一百夫长，有着过人的勇气。当（进攻）信号发出的时候，他说："……将军，无论我是生还是死，您都将感激我今天的所作所为。"说完这些话，他向右翼冲锋而去……克拉斯提努斯奋勇作战，最后被敌人一剑插进嘴里，死在了剑下。

——恺撒《内战记》，第 3 卷，91—99 章

✝ ✝ ✝

第三阶段——作战

谁也说不准以上前奏会持续多久，但迟早会结束——通常在第一个可能的时机出现时，将军会发出信号，步兵大队会故意以较缓慢的速度前进，之后向敌军密集的队伍发起冲锋。

移动，准备攻击

促使罗马军队发起冲锋的导火线通常是敌方即将发起冲锋的迹象；除非敌方军队非常缺乏经验，罗马将军们一般喜欢对进攻者发起反制冲锋。即使是作战经验最少的新兵都会对此很熟悉，因为他们每天都会练习每一个步骤，闭着眼都知道该怎么做（有时候晚上刚守完夜，第二天确实是闭着眼打着瞌睡参加累人的训练的）。犹太将军约瑟夫斯曾说过，"罗马人的战斗除了流血，其他和日常练习一样"。小跑一段距离，慢下来，按步骤举起重标枪，再用力扔出去。你无须刻意瞄准一个目标——如果敌人很多，那你肯定能刺中人；如果敌人不多，那他们也是死定了。现在……先等一会儿。你会听见队伍里几百把剑从剑鞘中拔出来时

发出的一阵阵嘶嘶声，然后，冲啊！

✝ ✝ ✝

然后传来了一阵震耳欲聋的呼喊声，骑兵冲向敌军两翼，步兵向敌军正面冲锋。两翼的敌人只抵抗了一小会儿就败下阵来，而中间的重装步兵是个问题，因为重标枪和剑都刺不穿他们盔甲的铁板，但我们的士兵……像在击打一堵墙一样猛砍敌军的身体和铠甲。

——塔西佗，《编年史》，第3卷，第46章

✝ ✝ ✝

冲 锋

这时，罗马军团不再沉默，在疾跑的最后几码发出响彻天际的怒吼。由于罗马军团之前一直是以有序的队形前进的，所以此时像一面钢铁铸成的墙一样冲击敌人。反观敌军，他们的队形可能比罗马军团的散乱一些，因为他们的冲锋就是一阵狂跑，冲在前面的是跑得最快且最愚蠢的人。（你也可以说他们是跑得最快且最勇敢的人，反正在战场上，这二者没有多大区别。）

罗马军团冲锋的性质致使最前面的敌人根本连用剑的机会都没有——当他和两肩被挡在盾牌后的罗马士兵在全速奔跑中相撞时，会被结结实实地撞得停下脚步。如果一切顺利，那么这个敌人会被撞翻在地，然后被仍在前进中的步兵大队第二排的士兵干脆地从上往下一剑刺死。

挥剑战斗

敌军的队形越往后越密集，现在是时候进入作战模式了。用盾牌上的圆形凸饰捶敌人的脸，当他将盾牌提高保护脸的时候，从下向上用剑刺进他的腹部。要记住，即使对方穿着鳞甲，这招也管用，且因为剑刺进去的角度较好，环锁甲在猛刺的剑尖面前也仅是一片松散交织的孔眼罢了。先拧一下，再把剑拔出来，让仔细磨利的剑刃把伤口拉得更大。迈过这个敌人的尸体继续前进时，注意别被他流出来的内脏绊倒。

混　战

随着战斗的推进，战线难免会变得有些不整齐；但作为一名训练有素的军团士兵，你有责任留意自己两边的士兵。别太往后，因为这样就无法掩护他们了——特别是你左边的人，他需要你保护他不受盾牌保护的身体右侧，但也别被杀戮的欲望冲昏了头，太往前以至于超出了他们的保护范围。要记住，当和你的战友肩并肩作战的时候，大幅度挥剑不光对敌人，对周围所有人都是很危险的。还在队伍中时，不要有太多花里胡哨的动作，光刺向敌人就够了。只有当你被敌军包围时，才可以像北欧狂战士一样向四周乱砍。

还有，不管你做什么，一定要握紧手中的剑和盾牌。如果在混战中丢了任何一样的话，不仅会尴尬得要命，之后还会丢人地被百夫长质询。没人想被怀疑在作战时为了借口离开战线而故意丢掉装备。甚至有记录称，有的人在丢了自己的剑或盾牌后说服自己的朋友帮助自己杀回敌军队伍将其取回，就是为了避免这种耻辱。

✠ ✠ ✠

他注意到他的剑从剑鞘中掉了出去，因为害怕蒙羞，于是又冲回了敌军队伍中。虽然身上几处都受了伤，但他总算找回了他的剑，重新加入了战友们一起战斗。

——老加图之子在公元前168年皮德纳之战中的表现，弗朗提努斯，

《谋略》，第4卷，第5章，第17节

✠ ✠ ✠

压力重重

当处在生死边缘的时候，身体里爆发的能量在最开始的几分钟里会像魔法一样，让你觉得盾牌和剑都很轻盈。在两军交锋的第一个瞬间，你全力以赴的决心会被激发。在这样的氛围下，任何想要省点力气以后用的士兵都会发现，他已经没有"以后"了。但随着战斗的节奏变慢，军团士兵如果开始有时间思考任何事的话，他会发现，每天用超重的剑朝着训练木桩砍劈几个小时是非常有用的，不然他的持剑臂早就累得抬不起来了，也有可能已经被蛮族人一剑砍掉了。

194

休憩整顿

如果过了 5 到 10 分钟后，敌人还在固执地战斗的话，那这可能意味着，一会儿要有麻烦了。一般来说，敌军被一个军团从正面打压着，这个时候应该开始一步步退却了。前排的士兵现在也许可以让其他人来代替自己承受战斗的压力了。受伤或精疲力竭的罗马军团士兵可以选择把盾牌放在身前，从右边后退，这样第二排的人就能顺利地从左边上前，补上他的位置，而敌方士兵是没有这样的选择的。一般在战事节奏慢了下来、双方都向后退了几步的时候会这样换人。从前线撤下的士兵们现在应该花时间看看自己铠甲和腿上溅的血有多少是自己的。有时候士兵在作战中受了很重的伤，但只有在旁人担忧地提醒他受了伤之后，才会意识到自己受伤了。

+ + +

一名骑兵在作战时受了重伤，被抬下了战场。他被带到医疗帐篷接受治疗，但被告知他的伤是致命伤，最终还是会死去。了解到这一点后，趁着伤口还没给他带来太大的影响，他冲回了战场，英勇牺牲。

——公元 105 年的达契亚战役，卡西乌斯·狄奥，

《历史》，第 68 卷，第 14 章，第 2 节

+ + +

奋勇前进

在这样的情况下，是时候穿过一排排士兵，朝后方等待的医疗兵蹒跚而去了。或者如果你没有伤得很重的话，环顾四周找一找军旗。如果军旗不见了，那就出大事了。但是在大多数情况下，你会看到军旗被罗马士兵有力的手臂稳稳举着，以稳定的速度向前移动。一般说来，敌军的前排士兵都是接受了最好的训练、拥有最好的武装，且士气最高昂的。冲过了这一层坚实的屏障后，砍杀后排敌人就容易得多了。

跟　进

混战一结束，就要想尽办法追击、砍杀逃跑的敌人，但要先好好观察四周，你附近的胜利并不能代表其他位置的情况。在解散队形之前，你应该注意聆听号声，因为军号传达的信号可能会是发现了一群敌方骑兵正在集合，准备从侧面攻击你。一般来说，除非确定了敌军会立刻溃逃，不然最好是集合休整一下，靠在盾牌上喘口气。罗马军队一般还有一条后备步兵部队的战线，负责跟进一切关键进展，所以让他们从你身边一个接一个经过，去完成剩下的战斗吧。让马背上的战友们去追击、砍倒逃跑的敌人，他们比你更擅长做这些。放松下来，享受一下活着且被友军的盾牌包围所带来的愉悦之情，听一听随着骑兵从身边飞驰而过去追击敌军时发出的渐渐模糊、越来越远的吼叫声和尖叫声。

第四阶段——战斗的后续

高卢和日耳曼辅助军士兵小跑回来时，腰带上可能会绑着几个敌人的头颅，随着他们的步伐上下颠簸。敌军的头颅能兑换很高的奖励，有时甚至可以看到士兵用嘴叼着一个品相达到收藏标准的头颅作战。就连罗马军团士兵都会在缓过气后寻找几样纪念品，比如装饰华丽的金制或银制胸针、一条质量特别上乘的腰带，甚至是一两个钱包。不过要记住了，在战场上和敌营里劫掠是一项集体活动。战后，不管是毫发无伤的人还是因伤失去行动能力的人，都能得到自己的一份。

这名辅助军士兵显然想在罗马军队里拔得"头"筹。虽然这些血淋淋的纪念品保质期不长，但辅助军里的蛮族人，比如高卢人有自己的保存方法。至少一名罗马将军的头颅最终变成了高卢人的酒杯。

医疗帐篷

罗马的战地医疗非常先进，这对受伤的士兵来说是一件幸事，毕竟罗马的医疗员们能从 700 多年的历史中充分汲取经验，也不会有等待治疗的人大排长队。一场胜仗的死伤率出奇的低，因为大多数伤亡发生在军队被击溃、士兵在溃逃时被追杀的过程中。在另一种情况下，如果当天的战况真的很糟，那受伤的士兵一般也就自生自灭了，因为幸存者都只顾得上让自己四肢健全地撤回安全的营地里。士兵经常受伤的是没有盾牌保护的身体右侧，特别是右腿。剑伤通常由助理医师（capsarius）处理，他的名字来源于他背着的装绷带和药物的皮质口袋（capsa）。助理医师会清洗伤口，使用的通常是葡萄酒、醋或橄榄油，然后缝合，最后用亚麻绷带包扎。医疗工具都会定时消毒，每次使用后会被清理。

- -

手术用具。有两种军人知道它们的用途：一是医师和他的助理们，二是不幸受伤，战后躺上手术台的士兵们。

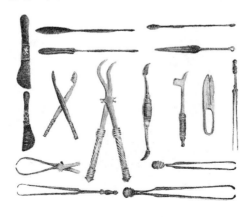

如果止不住血，那就必须按压血管，绑住伤口的一侧；如果这样都止不住血，那就必须用烙铁灼烧血管。

——凯尔苏斯，《医术》，第 5 卷，第 26 章及其后

✝ ✝ ✝

伤员在战场医疗站接受包扎。"为国捐躯是甜蜜且光荣的！"虽然诗意的理想如此，但一个士兵也不应因医疗救助不到位而死去。

战地手术

箭伤会被交由医师医治。医师接受过大量的医疗训练，和百夫长同级。他有用于取出带倒钩的箭头的特殊工具，还能将断了的肌腱从肉里钩出来钉回一起。医师拥有大量的镊子、牵开器、手术刀等用具，他们甚至能用它们进行一些"英雄般的"手术——即肠道和胸腔手术，并且有希望成功。罂粟花汁和天仙子种子（莨菪碱）都是众所周知的有效麻醉剂。但尽管有这些麻醉剂，这类手术或截肢手术还是会让伤员们惨叫连连。

医　院

医院通常照明良好、干净、安静，指挥官一般都会亲自前去检查，看是否一切正常，并表扬伤员们的英勇表现。伤员们的伤口在这里得到检查，按时换药，还有器械能让士兵们做一些轻松的锻炼，促进康复。总而言之，罗马是一个能让受伤的英雄比较好过的好地方。

✣　✣　✣

他（哈德良）用自己的军人精神来鼓励他人……还会去伤员区慰问伤员。

——《罗马帝王纪：哈德良》，第 10 章

✣　✣　✣

战后清算

一旦战斗尘埃落定，被俘的士兵会被派去清理战场，除非罗马指挥官想让被杀的敌军曝尸荒野，以此警告敌人。军团会仔细记录牺牲的罗马士兵的名字，并为他们的遗体举行庄严的葬礼。

战后不久，指挥官会同自己的军官开会协商各项事务，并举行阅兵。从敌军尸体上或是军营里搜刮来的战利品会在这个时候分发，将军也会在这个时候特别表彰在作战中表现突出的个人。

战后……将军让部队集合，并把他认为作战时表现得异常英勇的人叫到前面来。他先表扬了每个人的英勇事迹，还赞扬了他们过去一切值得称赞的经历。

——波利比乌斯，《历史》，第 3 卷，第 39 章

正式奖励可能也会在这个时候发放，特别是如果这场战役给整场战争画上了句号的话（通常都是这种情况，除非敌军还有一支大型军队，并准备好了再次一败涂地）。桂冠是士兵们能赢得的最高奖励，比如拯救了整个军队的人会得到的禾草环，一般只有高级军官才会得到。普通军团士兵一般会得到领圈、臂环，还有

关于军队的小事

罗马军队的医术十分有效，以至于古罗马医生描述的从人体中取出远程武器的方法一直沿用至1600年后，古罗马的截肢技术在索姆河战壕的战地医院也仍被应用。

✝

苏拉的1万名军团士兵在奇罗尼亚之战中对阵至少6万名本都士兵，他声称，罗马胜利的代价仅为14个罗马人的牺牲（尽管其中有两人其实没死，之后回来了）。

✝

在公元前48年的法萨卢斯之战中，恺撒手下有200名军团士兵和30名百夫长牺牲。

✝

领圈本该是戴在脖子上的，但阅兵的时候是挂在带子上、搭在盔甲上的。

✝

小型纪念矛（hasta pura）一般是授予百夫长及级别更高的军人的，但普通士兵也可以通过突出的表现得到一支。

✝

在法萨卢斯，庞培缺乏经验的部队没有发起反制冲锋，于是恺撒的老兵们在冲锋的中途停了下来，集合恢复体力，然后再继续冲锋。

能在制服上佩戴的有浮雕装饰的圆盘。尽管这些奖励按规定只有罗马公民士兵才有资格享有，但如果辅助军士兵表现出了视死如归的勇气的话也可以得到。

✝ ✝ ✝

在这场战斗中，鲁富斯·赫尔维乌斯，一名普通的士兵拯救了一名罗马公民士兵的生命，赢得了荣誉，由阿普罗尼乌斯授予了他一个领圈和一支矛。

——塔西佗，《编年史》，第 3 卷，第 21 章

✛　✛　✛

　　军事勋章是值得去争取的。它们不光能为你的盔甲在特殊阅兵上增添光辉，也能让你在部队里更有地位，也就是意味着，拥有勋章的人被派去打扫厕所卫生或去墓地（半夜到凌晨时段）站岗的概率会小很多。不过从另一方面来说，当百夫长想找个志愿者去执行特别危险的任务的时候，第一个想到的也会是有英勇过人的名声的人。军队生活就是这样，很多事情都是有利有弊的。

÷ 11 ÷

战　后

老兵不勇，勇兵不老。

÷　÷　÷

喜悦和凯旋

大型胜利还是盛大凯旋？

　　一场大型战役之后，军团士兵们会仔细清点敌军的死亡人数，并等待将军决定是否举行阅兵来庆祝他们赢得的胜利。士兵们还会很紧张地期待敌方大使前来求和。如果皇帝和军队在一起，那士兵们会更紧张。很多事情都将在这段时间被决定。有很多军团士兵没去过罗马，它们对这座建于七座山之上的传奇城市的好奇更是在这个时候达到了顶峰。大家都想去罗马看看，所以他们都密切关心事情的进展，殷切希望自己能以打了胜仗的士兵的身份前去罗马，参加凯旋式。

　　严格来讲，举办凯旋式必须满足一些严苛的条件。最重要的几点如下：

1. 至少在战场上消灭了 5000 名敌军。

2. 该场战役为整场战争画上了句号。

3. 该战争必须进一步扩大了罗马帝国的宏伟版图。

皇帝和军队在一起是很重要的。首先，在这个时期，只有皇帝有权举行凯旋式，而且，尽管皇帝有权以他手下的将军打的胜仗为由为自己举办凯旋式，但如果他本人在场或是在附近的话，他会更有可能请愿元老院为他自己参与的战斗举办。其次，因为他是皇帝，所以如果只消灭了 4999 名敌军，又或者是这场胜仗距离其他官方要求还差了一点的话，他有办法说服元老院忽略这些小细节。

到意大利去！

凯旋式最令士兵们兴奋的一点在于，不仅打了胜仗的将军会去罗马，他的军队也必须到场。突然之间，除了在默西亚冬日的细雨中追赶达契亚非正规军，军团有了别的可以做的事，那就是去意大利阳光明媚的海岸，并以凯旋英雄的身份进入罗马城。可惜的是，并不是所有的人都能去——仍然需要有人驻守前线、巡逻、修路。

因此，皇帝在挑选跟他一起回罗马的人时，会优先考虑那些即将退伍（很多时候是早就该退伍）的人，以及伤情达到了荣誉退伍的伤员。

由于回城的军队中包括很多即将退伍的军人，所以队伍里会有比较喜庆的氛围，但是他们在 25 年的军旅生活中所养成的习惯保证了场面并不会失控。随着离罗马城越来越近，看到引水渠从阿尔班山而下、穿过拉丁姆平原，士兵们也越来越兴奋。

如何庆祝凯旋式

1. 当罗马城中的人们用鲜花装饰神庙、准备盛大的庆典时，皇帝会最后一次召集部队，发放奖品、嘉奖，以及在战役中获得的战利品。

2. 有时，在一次重大的胜利之后，皇帝会提前送回他为国家收缴的战利品，以及描绘战役中的场面的画作（这些会在罗马城里展示好几天）。

3. 最后，军团会在战神广场的贝罗纳神庙集合，向凯旋城门行进——这座大门只有在举行凯旋式时才会打开。凯旋式的程序是固定的，毕竟据说就连国父罗慕路斯在大约 1000 年前从伊特鲁里亚人那里把凯旋式借鉴来时，它就已经称得上是一项古老的传统了。

✝ ✝ ✝

现在，所有的士兵已在夜晚于指挥官的指挥下一起走了出来，以密集的队形站在大门旁……天一亮，韦斯帕芗和提图斯就走了出来，头戴桂冠，穿着古老的紫色长袍……［然后走向］元老、主要领导人和骑士阶层等待他们的位置。

——约瑟夫斯，《犹太战史》，第 7 卷，第 4 章

✝ ✝ ✝

4.元老院成员和凯旋者在凯旋城门会面。凯旋者会站在一辆像炮塔一样的凯旋战车上，如果他有男性后代的话，他们会骑马在一旁跟着。凯旋者模仿朱庇特最古老的雕像的样子，着朱庇特传统的紫色长袍，脸涂成红色。为了保证模仿朱庇特的人和真正的朱庇特之间界限分明，一个奴隶会将桂冠举在凯旋者头顶上方，并低语："要记住，你只是个凡人。"

罗马凯旋式游行路线

从贝罗纳神庙到凯旋城门，

穿过罗马城，到弗拉米尼乌斯广场，

然后到大竞技场，

继续行进到罗马广场和圣道，

最后登上卡庇托山，

在朱庇特神庙结束整个游行。

5.这时会有一段令人沮丧的延迟。所有人——从元老到号手，甚至敌方俘虏——都得走在最前面，军团士兵要在大门外等着，然后作为游行的压轴登场，将整个盛事推向高潮。

6.士兵们骄傲地拿着缠绕着月桂树枝的长矛从大街走过，高唱凯歌。有些歌词甚至是有关将军的污言秽语。将军会默许这些直白的不敬之言，因为首先，今天是个特殊的日子；其次，任何皇帝，就算在凯旋式上，也不敢严重惹恼军队。游行的路线都是一样的，就是在罗马的一些大型露天场所举行，让满怀崇拜的人民能更清楚地看到皇帝和军队。

7. 在位于罗马城以及整个帝国的中心的朱庇特神庙里，人们向朱庇特献祭，感谢他对人民的仁慈。祭品中包括凯旋者的金冠，还有几头白色公牛。由于罗马人不施行活人献祭，因此被俘的敌军头目在游行后可能会在地牢里或广场上被绞死，但因为他们是作为罪人被处决，所以他们的死刑并不被包括在凯旋式内。

最后的游行和典礼在朱庇特神庙举行……当人们到达神庙的时候，都按照罗马古老的传统站着不动，直到有人前来报告敌军将领已经死亡。这名将领是西蒙，吉奥拉斯的儿子，之前和其他俘虏一起被游街，一路被人用绑在头上的绳子拖到了罗马广场上的指定位置，吃尽了苦头……当他被处决的时候，大家都大声欢呼了起来。

——约瑟夫斯，《犹太战史》，第7卷，第6章

8. 典礼完毕后，说完最后的祷告，军团士兵们便离开，换上便服，参加为时至少一周的庆典。庆典可能会包括在罗马竞技场

赛会几乎一定会在罗马竞技场举行，但除了凯旋的军团士兵，还有别的参与者。一些战俘很有可能会作为竞技场上的牺牲品参与进来。这是一枚提图斯或韦斯帕芗时期的塞斯特提乌斯硬币，上面印着人满为患的竞技场。

上举办的赛会，一些战俘会在这里血淋淋但壮烈地死去。

任何一个军团士兵都会告诉你，结束军旅生涯最好的方式便是参加完一场凯旋式后光荣退役。

退 伍

你可以以下列四种情况之一从军团退伍。

1. 伤残退伍：面向受了伤而不再适合继续服役的人员。伤病类型可以是跛脚，也可以是一些单纯令军团士兵无法正常履行职责的小毛病。不管是哪种情况，医生都会先对他进行全面检查，然后再极不情愿地宣布，罗马将无法继续得到这个在他身上投资了许多食物和训练的即将退伍的士兵的回报了。伤残退伍属于荣誉退伍，士兵根据自己的服役时长会得到相应的养老金。

2. 开除：不属于荣誉退伍，而是与之相反。这意味着军队公开向全世界宣布，这个士兵行为不轨，即使是军队里也容不下他。罗马社会当然也不会想和这样的人扯上关系。军队禁止他在罗马生活，也不能在帝国的政府中担任官职。导致他被开除的罪行可能也让他挨了一顿严重的鞭刑，以至于会在他身上留下疤痕，成为他一辈子耻辱的痕迹。

3. 光荣退伍：最好的退伍情况。你的效力让皇帝和军队都十分满意，有权享有全额养老金，以及作为恺撒的退伍士兵的其他特权。

4. 死亡：也是离开军队的一种方式。

✢　✢　✢

老人们，有些已经因受伤过多而变得形态丑陋，正在度过在军队服役的第 30 年或第 40 年……兵役看不到尽头。

——潘诺尼亚士兵于公元 14 年呼吁退伍，塔西佗，

《编年史》，第 1 卷，第 17 章

✢　✢　✢

辅助军士兵退役时会收到一块特殊的铜板，上面记录着他们已经离开军队。军团士兵们都是罗马公民，又因为帝国政府相信，自己对自己的公民一定都做好了记录，所以军团士兵们不需要任何证明文件。记录可以随时被查阅——例如卡庇托山上就有一个巨大的档案室。一个声称自己是老兵的人可以要求相关权力机构证实自己的身份，而和辅助军士兵的铜板相比，官方记录是更难

伪造的。但还是有一些集体退役的军团士兵可能会一起立一个小型的纪念碑纪念这个时刻。

自由?

这是一个重大的时刻。在经历了 25 年被严格管制、每分每秒

图拉真在一场战役后奖励士兵。将军在战斗中靠近前线的原因之一是为了亲自看到哪些人表现出了过人的勇气。注意后面有战俘被拖走，等待命运的制裁。

都被值勤表和集合号声控制的日子后，军团士兵终于恢复了自由身。他可以想什么时候起床就什么时候起床，早饭想吃什么就吃什么。这一切听起来都那么美好，直到他意识到，自己需要给自己找睡觉的地方，还要自己想办法弄早饭。在过了 25 年一切都被安排得有条不紊的生活后，当他突然意识到那一切并不是自动发生的时候，难免会有些震惊。

后续选择

1. 随波逐流、对普通市民的生活感到无所适从的人可以选择以一种极端的方式摆脱复员后混乱的生活——回到军营里，重新参军。毕竟一个十几岁就参军的人完全能够再服役一二十年。

2. 其他人可能会走进另一种束缚——婚姻。很多军团士兵在军营旁的村庄里有一个没有名分的妻子，带着他们的孩子等着士兵退伍，让她变成一个名正言顺、体面的妇人。靠着自己在军营里的人脉，再加上相当于 14 年收入的养老金，很多退伍的军团士兵都做起了收益颇丰的生意，为他以前的部队供应物资或妓女。

还有很多人做起了与军队无关的生意，加入了一个盈利颇丰的产业，娶了商业伙伴的女儿。想骗一个天真的退伍老兵的钱的人，一想到后者那些面无表情、冷漠的前战友们可能会来和自己聊聊钱都去哪儿了，一般就望而却步了。

3. 另外也有人选择到一个新的地方开始一段新生活。如果军队刚征服了一片领地，那么除了让大量退伍军人进驻新的城镇，还有什么更好的方法来镇住这里呢？对于罗马来说，这是一种双赢的做法——军团士兵们得以待在自己熟悉的人和社会中，而且一旦有什么紧急情况，他们可以换下便服、穿上盔甲，再次作为一支训练有素的可用军队登场。自然，失去了土地的当地人肯定对这些殖民者怀恨在心，但被征服的人民不管怎么样都会憎恨他们，这也是一开始需要军团士兵在此的原因。但是，这些搬到别人的家乡去的人应该明白，要想让被剥夺财产的人融入新世界的秩序，并感激伴随而来的新领地罗马化的经济发展的话，是需要一定智谋的。

退伍辅助军士兵发动攻击

让退伍的辅助军士兵成为罗马公民是有原因的，并不仅仅是为了让他们在服役时忠于罗马。退役后的辅助军士兵对罗马军队的优势和弱点都了如指掌。如果他决定退伍后回归自己的族人，并利用这些知识和罗马作对的话，那罗马就等于多了一个危险的敌人。公元前 90 年，罗马的同盟军叛变，拥有和罗马军队一模一样的武器、盔甲、纪律和训练，差点把罗马军队击溃。然而，即使个别辅助军士兵叛变也是很危险的，以下就是臭名昭著的例子。

公元前 133 年，朱古达　朱古达曾在西庇阿·埃米利亚努斯将军手下在西班牙行省服役，在努曼提亚攻城战表现突出。他后来开始与罗马军队作战，还一度逼迫奥卢斯·阿尔庇努斯的军队投降，最后被盖乌斯·马略击败。

公元前 73 年，斯巴达克斯　据说是罗马辅助军中色雷斯部队的一员，退伍后成了土匪，被抓后被判在竞技场上战斗至死。他逃了出去，将逃跑的奴隶和意大利被剥夺财产的人集结起来，组成了一支军队，将意大利从北到南糟蹋了一遍，然后又从南到北席卷了一遍，最后被前三头之一李锡尼乌斯·克拉苏打败。

公元 9 年，阿米尼乌斯　大家对他的叛变仍然记忆犹新，因为阿米尼乌斯是日耳曼切鲁西部落的军事首领，同时也是罗马骑士阶层的一员，还是辅助军的军官。他深得昆克提里乌斯·瓦卢斯的信任，并利用他的信任设下了埋伏，在条顿堡森林歼灭了 3 个罗马军团。后来阿米尼乌斯在一场派系斗争中被自己亲手解放的族人杀死了。

公元 17 年，塔克法利拿斯　曾是辅助军的骑兵，退伍后成了土匪，是罗马在努米底亚的一个长期眼中钉。他的非正规军机动性强，罗马人派了一支又一支军队前来，几年后才在奥济亚将其困住并消灭。

公元 69 年，盖乌斯·尤里乌斯·奇维里斯　此人是罗马公民，但他引诱了整个巴塔维亚的辅助军和其他高卢辅助军的部队背叛罗马。这些部队围攻了莱茵河畔卡斯特拉维特拉里士气低落的军团士兵，其中一些叛逃了。这场反叛最后被普特里乌斯·凯利阿里斯镇压了，但奇维里斯反抗有力，最后给自己赢得了谈判的机会，后来便消失在了历史中。

墓碑建议

在罗马军队里服役是可以吹嘘一辈子的事，但为什么不在死后也继续吹嘘呢？让你的子孙后代知道你是谁，你和你的战友们都有哪些事迹。军团的丧葬协会会提供足够的资金为你举办一场体面的葬礼，并制作基本的墓碑，但你也可以在遗嘱条件中加一条，让后代也为你的葬礼出一些钱，这样就够修一个更气派的纪念碑了。毕竟你曾经作为世界上最强的战争机器中的一分子服役了25年之久，你曾是世界上最让人惧怕、最强大的群体——罗马军团的一员。这是一项实实在在的成就。尽情炫耀吧！

要是有个小石柱，或至少一块漂亮的独立

色雷斯骑兵鲁富斯·西塔的墓碑。骑兵喜欢在这种描绘他们的坐骑践踏敌人的画面的墓碑下长眠，这样的墓碑产量很大。

石头的话，那就是理想的墓碑了。不火葬、喜欢土葬的人可以选择在石棺里安息。石棺的四壁和顶部都可以用文字和图像雕满，描绘逝者一生的丰功伟绩。

骑兵肯定会想要一块刻画了他年轻时的荣耀的石碑。浮雕画面可以定格在他披风飞舞、高举长矛、把敌人狠狠踩在他的坐骑蹄下的一刻。

辅助军士兵喜欢在墓碑浮雕上展现自己全副武装的样子，而罗马军团士兵则可能更喜欢仅展现寥寥几件装备，暗示他曾是一名军人。但是用臂环、领圈或其他体现军功的装饰品来装饰石碑边缘再合适不过了。

✛ ✛ ✛

隆基努斯·斯达佩兹，来自撒尔底迦［今索非亚］

- - - - - - - - - - - - - - - -

马库斯·尤里乌斯·萨比阿努斯可能曾是米塞努姆舰队的一员，但他与其他船员有时也会临时充当辅助军士兵，因此马库斯有权在墓碑上雕刻拿着盾牌和矛的自己。

的马提库斯之子，来自第一支色雷斯骑兵的双薪军人，服役 15
年，享年 40 岁，长眠于此。此墓碑是他的后人遵照他的遗嘱所
立的。

——骑兵墓志铭，《不列颠罗马铭文》，第 201 条

✠ ✠ ✠

夸耀自己是怎样轻松地完成从军人到平民的转变，并仔细描
述你的家人也是不错的选择。你在漫长又成功的军旅生涯结束后，
最后是在家人的怀抱中死去的。

虽然墓碑上的空间有限，但还是可以包含很多信息，因为有
很多缩写可以使用，熟悉它们的人一眼就能看懂。

✠ ✠ ✠

L. DUCCIUS L. f. VOLT. RUFINUS VIEN SIGN. LEG. VIIII
AN. XXIIX H.S.E

［卢基乌斯·杜基乌斯·鲁菲努斯（L. DUCCIUS RUFINUS），
卢基乌斯之子（L. f.），来自维埃纳（VIEN）的沃尔提尼乌斯氏
族（VOLT.），第九军团（LEG. VIIII）旗手（SIGN.），长眠于此
（H.S.E），享年 28 岁（AN. XXIIX）］

——《不列颠罗马铭文》，第 673 条

✠ ✠ ✠

缩写对照示例

D. M.：致逝去者的灵魂

M. PETRONIUS L. f.：马库斯·佩特罗尼乌斯（M. PETRON-IUS），卢基乌斯之子（L. f.）

MEN. VIC.：来自维肯提亚（VIC.）的门内尼乌斯氏族（MEN.）

ANN. XXXVIII：享年38岁

SIGN. FUIT：曾是旗手

MILITAVIT ANN. XVIII：服役18年

LEG. XIIII：第十四日耳曼军团

H. S. E：长眠于此

——罗克斯特，《不列颠罗马铭文》，第294条

1. 碑文以字母 D. M. 开头，即"dis manibus"的缩写，意为"致逝去者的灵魂"。

2. 其后需要写你的名、姓和来自的氏族。

3. 之后加上一个绰号，除非你的同事们给你取的是"斜眼""疣子脸"这样不雅的绰号。

4. 然后写下故乡、军衔和所属军团。

5. 最后写你的年龄，还可以写一写这座坟墓是你自己出钱修建的，还是由悲痛的妻子或后代修建的。

浮雕要雕刻得越准确还原越好，尤其要注意铠甲和武器的刻画。后世历史学家一定会万分感激的。

关于军队的小事

收复失地的胜仗一般不能举办凯旋式，但提图斯收复犹地亚是一个例外。

╬

凯旋者的战车是四马二轮战车。

╬

在不列颠科尔切斯特定居的退伍军团士兵高傲又残暴，他们居住的整个城市最后都被布狄卡的反叛军摧毁了。

╬

没有赢得凯旋式的将军可以享受一个规模较小的小凯旋式（ovatio）。

╬

墓碑上一般不会列出死因。

╬

虽然只有皇帝有权举办凯旋式，但为皇帝赢得胜利的将军可以获得凯旋奖章。

╬

现役军人有时比起家人更愿意让军团战友来当自己的遗嘱执行人，因为他们在自己牺牲时离得更近。

╬

很多辅助军士兵墓碑的雕刻风格混合了罗马元素和当地元素。

士兵们！别像一群维斯塔贞女一样干站着！你们知道该做什么——你们的生命、接受的训练、你们手里的军饷都是为了它。现在等待我的命令……然后用剑刺向他们吧！号手，吹响进攻的号角！一，二，三……

致　谢

历史学家同事、罗马军队再现团队，以及制作相关装备的人——这些罗马军事史爱好者给予我的热情帮助让我完成这部作品的过程轻松了许多。他们给我提供了如亲身经历一般具体的细节，这是我从其他地方无法得到的。如果本书真的能让读者体会到背着沉重包袱行军的感觉，那么需要我们感谢的人是那些真正这样做的扮演者们。有很多人温柔地纠正了我在军队事宜上犯的错误，首要的就是奈杰尔·贝里和阿德里安·戈兹沃西。后者不仅亲自为我提供帮助，他的《完全罗马军队》《以罗马之名》《罗马战事》等著作也给了我莫大的帮助。

扩展阅读

罗马人很喜欢描写罗马的战事，而且通常是从个人亲身体验出发来写的。以下是10本想成为罗马军团士兵的人最该看的书：

塔西佗，《历史》《编年史》《日耳曼尼亚志》《阿古利可拉传》。虽然塔西佗本人并不是军人，但他创作了很多激动人心的描写战争的作品，有时是直接采访参加了相关战役的人写成的。

尤里乌斯·恺撒，《高卢战记》《内战记》。由古代最出色的将军之一亲自撰写——夫复何求？

约瑟夫斯，《犹太战史》。他不仅亲自带兵对抗罗马军队，还活了下来，得以讲述这个故事。又一部由亲历战争者亲自写就的罗马战争史。

撒路斯提乌斯，《朱古达战争》。他是一名军人，也是一名政治家。这部描写了一场阿非利加的战争的作品结合了军事史和政治。

波利比乌斯，《历史》。尤其要关注他所记录的后来的马其顿战争——毕竟他亲眼见证了战争的部分过程。

阿利安,《对阵阿兰人》。作者阿利安亲眼见证了罗马军队的此次行动,写就了此书。他是古代最优秀的史家之一。

弗朗提努斯,《谋略》。一部军事佚事合集。作者弗朗提努斯曾是将军,后来成了管理罗马引水渠的官员。

维特鲁威,《建筑十书》。大部分十分枯燥,但可以跳到第十章阅读有关攻城战和攻城弩炮的部分。

普鲁塔克,《罗马英豪列传》。虽然他并不是军人,但他的传记中有其他史料中没有的战事细节。

阿米阿努斯·马尔切利努斯,《历史》。马尔切利努斯是罗马帝国末期最伟大的军事历史学家,该作品讲述了他参与过的与波斯人的战争。

出版后记

　　罗马帝国扩大并维持其在地中海世界的霸权在很大程度上依靠的是它的剑——罗马军团。除了在边境抵御入侵的蛮族、平定各行省的叛乱，军团还有在各地驻守、镇压，维护帝国和平的职能。作者菲利普·马蒂塞克为我们展开了一幅军团士兵生活的画卷——从入伍、受训，到跟随帝国的军旗征战四方，最终或战死沙场，或结束 25 年的军旅生涯衣锦还乡，生动地还原了他们一生的轨迹，其中也不乏许多或有趣或残酷的细节，包括他们的衣食住行、纪律惩罚等。让我们跟随作者，走近罗马军团士兵的生活。

服务热线：133-6631-2326　188-1142-1266

服务信箱：reader@hinabook.com

后浪出版公司

2021 年 6 月

图书在版编目（CIP）数据

　　罗马士兵 /（英）菲利普·马蒂塞克著；刘怡译 . —
广州：广东旅游出版社，2021.12
　　书名原文：Legionary: The Roman Soldier's
(Unofficial) Manual
　　ISBN 978-7-5570-2597-7

　　Ⅰ . ①罗… Ⅱ . ①菲… ②刘… Ⅲ . ①军队史—罗马
帝国—通俗读物 Ⅳ . ① E192-49

　　中国版本图书馆 CIP 数据核字 (2021) 第 182941 号

Legionary: The Roman Soldier's (Unofficial) Manual
Published by arrangement with Thames and Hudson Ltd,London
Copyright © 2009 Thames & Hudson Ltd, London
This edition first published in China in 2021 by Ginkgo (Beijing)Book Co., Ltd Beijing
Chinese edition © 2021 Ginkgo (Beijing) Book Co.,Ltd

本书简体中文版权归属于银杏树下（北京）图书有限责任公司。
图字：19-2021-236 号
审图号：GS（2021）5064 号

出 版 人：刘志松	选题策划：**后浪出版公司**
著　者：［英］菲利普·马蒂塞克	译　者：刘 怡
出版统筹：吴兴元	责任编辑：方银萍
编辑统筹：方 宇 张 鹏	特约编辑：刘佳玥
责任校对：李瑞苑	责任技编：冼志良
装帧设计：墨白空间·李国圣	营销推广：ONEBOOK

罗马士兵
LUOMA SHIBING

广东旅游出版社出版发行
（广州市荔湾区沙面北街 71 号）
邮编：510000
印刷：北京汇林印务有限公司
字数：142 千字
版次：2021 年 12 月第 1 版第 1 次印刷

开本：787 毫米 × 1092 毫米　　32 开
印张：7.25
定价：55.00 元

后浪微信 | hinabook

筹划出版 | 银杏树下

出版统筹 | 吴兴元 | **编辑统筹** | 方　宇　张　鹏

责任编辑 | 方银萍 | **特约编辑** | 刘佳玥

装帧制造 | 墨白空间·李国圣 | mobai@hinabook.com

后浪微博 | @后浪图书

读者服务 | reader@hinabook.com 188-1142-1266

投稿服务 | onebook@hinabook.com 133-6631-2326

直销服务 | buy@hinabook.com 133-6657-3072

后浪出版咨询 (北京) 有限责任公司
POST WAVE PUBLISHING CONSULTING (BEIJING) CO.,LTD